Akal / Inter Pares
Director: Marcos Roitman

Diseño interior y cubierta: RAG

© Miguel Ángel Contreras Natera, 2015

D.R. © 2015, Edicionesakal, S. A. de C. V.

Calle Tejamanil, Manzana 13, lote 15
colonia Pedregal de Santo Domingo, Sección VI
delegación Coyoacán, CP. 04369
México, D. F.
Tel.: (0155) 5658 8426 y 5019 0448
www.akal.com.mx

ISBN: 978-607-95641-5-5

Impreso en México

Miguel Ángel Contreras Natera

Crítica a la razón neoliberal
Del neoliberalismo al posliberalismo

akal

ARGENTINA
ESPAÑA
MÉXICO

PRÓLOGO

A finales de la década de los ochenta, en medio de una profunda conmoción epocal que tenía en el centro del debate la simultaneidad entre la crisis de los socialismos reales y la emergencia del discurso neoliberal (con su apotegma del fin de la historia), se anunciaban en los principales medios informativos mutaciones radicales en el orden del capital que tenían carácter definitorio. El proyecto neoconservador-neoliberal organizaba los nuevos órdenes subjetivos e institucionales con una variedad de dispositivos, diagramas y prácticas de mediación. Desde ese momento, el neoliberalismo como programa de investigación se convirtió en el centro de mis prácticas epistémico-políticas, en una preocupación fundamental. La necesidad urgente de la crítica cruzaba todas mis búsquedas existenciales: en cierto modo, una manera de vivir críticamente, en la que pensar es una forma de confrontar el estado de cosas de la existencia humana; una disposición a pensar que encerraba sentidos incalculables y colapsos del sentido mismo, y —de manera general— una labor concentrada en descifrar los conceptos, las representaciones y las prácticas del neoliberalismo. En tanto, el naufragio existencial se apoderaba de toda una generación que precisaba una orientación crítico-reflexiva en medio de una tempestad, de una orfandad político-espiritual.

La crítica, la deconstrucción y la genealogía sustituían al marxismo como centro de gravedad narrativo de los procesos de emancipación humana. Los ejes geográficos de la Teoría Crítica y el posestructuralismo se centraban en Alemania y Francia como los centros de producción de una teoría enfocada en el lenguaje y el textualismo. Un posmodernismo de reacción se alineaba con la mercantilización del mundo que proponía el neoliberalismo, como nueva sensibilidad epocal.

A mediados de los noventa, con diferentes modalidades de producción, logré culminar parte de este trabajo. Por circunstancias diversas no lo entregué para su publicación. En el ínterin publiqué dos libros que se correspondían con reflexiones cimentadas en este libro. El primero, dedicado al pensamiento neoconservador, y el segundo, a variantes contemporáneas del liberalismo y la socialdemocracia. En sentido estricto los libros conformarían una trilogía que contiene una programática epistémico-política dedicada a las formas dominantes de las ciencias, teorías y filosofías sociales y políticas contemporáneas. El punto central es que nunca abandoné el neoliberalismo como programática político-espiritual de crítica y deconstrucción.

En septiembre de 2014, en Paraguay, en el contexto del coloquio internacional Integración social y desarrollo en democracia, consagrado a la obra de Robert Castel, tuve la oportunidad de conversar largamente con mi gran amigo el sociólogo Marcos Roitman sobre el libro. Desde ese momento comenzó a germinar la idea que aquí presentamos. La ontología política del neoliberalismo y la del posliberalismo emergieron como proyectos intelectuales diferenciados. Las conversaciones con colegas, amigos y estudiantes permitieron madurar el proyecto epistémico-político de crítica y deconstrucción en sus dos dimensiones. Un intercambio fundamental para cartografiar la ofensiva político-espiritual neoliberal con sus concomitantes consecuencias. La racionalidad tecno-instrumental con su imperativo de sociedad administrada nos conduce hacia la destrucción programada. De allí la necesidad existencial de una crítica a la técnica, en cuanto enmascara y justifica la devastación y destrucción moderna tecno-instrumental. En palabras de Günther Anders, la a-sincronía entre el ser humano y el mundo de las mercancías crece de manera exponencial en tanto fractura existencial. La obstinación prometeica consiste en la negación a ser deudor de algo ante otro, y su orgullo, en deberse todo exclusivamente a uno mismo.

El modo en que se definen, conceptualizan e interpretan las cuestiones de principio, las estructuras, los modelos y los procesos sociales siempre ha sido un tema fundamental. Actualmente, esto reviste aún mayor relevancia en una comunidad globalizada, en la que los modelos y conceptos configuran e incluso determinan la naturaleza de los efectos y los resultados, tanto económicos, sociales y

políticos en todos los ámbitos sociales. El marco y los modelos conceptuales generales de la globalización actual han surgido a partir
de las ideas, los intereses y el programa de actores que se inspiran
en premisas ideológicas neoliberales. En parte, esto se ha llevado a
cabo con los mismos mecanismos y tecnologías que posibilitan la
globalización; entre ellos, la disponibilidad cada vez mayor de sistemas y tecnologías actualizados de comunicación y tratamiento de
datos, la transposición a escala global de métodos modernos comunes en ámbitos como las campañas políticas nacionales, la mercado-
tecnia, la publicidad y las guerras de información.

PRESENTACIÓN

El proyecto de la modernidad occidental, en su configuración dominante, se caracteriza por un desencanto comprensible en una diversidad de círculos intelectuales, artísticos y políticos, en tanto su lógica
de reproducción ampliada —como forma de vida mundializada—
produce guerras, destrucción y explotación económica, social, cultural
y ecológica derivados de la inmanencia de la expansión capitalista.
Esto es un modo de vida que se concibe superior excluyendo a tres
cuartas partes de la población mundial por cuestiones de clase social e
incluye formas de discriminación racial, de género, sexual, social, reli-
giosa y cultural, entre otras. El horizonte fáctico de la modernidad es
el de una sucesión de fracasos y tragedias: de colonización y exclusión,
de fractura y fragmentación, de desgarro y de conflicto de los pueblos
y culturas a escala mundial. El ideal emancipador de una sociedad re-
conciliada e idéntica consigo misma en el proyecto hegeliano, que
posibilitaría a los hombres devenir dueños de sí mismos, constituye un
sueño inenarrable del imaginario ilustrado occidental. Antes al contrario, esta visión del sujeto autónomo kantiano se enfrenta al horizonte fáctico de una modernidad devenida en proyecto reificador que
produjo seres fracturados, desgarrados, escindidos y excluidos.

El mito de una indivisión, de una homogeneización, de una
transparencia de la sociedad para sí misma, se reveló totalizante en
la lógica absolutista que adquirieron los proyectos modernizadores
en el sistema histórico capitalista, ya que éstos implicaron un proceso cruento de conquista, destrucción y colonización cultural en
nombre de la civilización y el desarrollo. La sociedad en tanto espacio plural, aparece confrontada con la heterogeneidad de su constitución, con la polifonía de sus voces, aunque silenciada y *forcluida*[1]

---

[1] "Entendiendo el uso del concepto de forclusión como un mecanismo específico que designa el rechazo y la expulsión de un significante fundamental

en la forma legal de la política del logos colonial-moderno.[2] El deslizamiento hacia un espacio esencialmente estocástico en sus efectos caracteriza la compleja polifonía de los movimientos sociales, culturales y populares de la actualidad. La polifonía de voces forcluidas por el euroccidentalismo[3] se inscribe en la apertura de nue-

---

del universo simbólico del sujeto. Cuando se produce este rechazo, el significante está forcluido. En todo caso, el significante forcluido no pertenece al inconsciente, sino que retorna en la realidad como una realidad desintegrada" (E. Roudinesco y M. Plon, *Diccionario de psicoanálisis*, México, Jorge Zahar Editor, 1998, p. 336). Su efecto es una abolición simbólica que funciona como cercenamiento y represión. Así, la represión cercenada por el sujeto, sustraída a las posibilidades de la palabra, va a aparecer en lo real, erráticamente, es decir, en relaciones de resistencia sin transferencia, como una puntuación sin texto. En palabras de Jacques Lacan: "como si nunca hubiese existido". La desintegración de lo real es reprimida y sustituida de manera negativa. Este fenómeno, lo específicamente forcluido, no pertenece al ámbito de lo inconsciente, sino que retorna en lo real como un delirio o alucinación que invade la palabra y la percepción del sujeto. El contenido de la alucinación —una evocación lacaniana a la fenomenología de Maurice Merleau-Ponty [en *Fenomenología de la percepción*]— tan masivamente simbólico, debe en ella su aparición en lo real al hecho de que no existe para el sujeto. Todo indica en efecto que éste permanece fijado en su inconsciente en una posición femenina imaginaria que quita todo su sentido a su mutilación alucinatoria" (J. Lacan, *Escritos 1*, Buenos Aires, Siglo XXI, 2008, pp. 365-372).

   [2] "El logocentrismo, en tanto discurso racional, pretende dar razón, fundamentar, garantizar, legitimar tanto la autoridad del significado trascendental como la del sistema institucional. En el espacio del logocentrismo se desarrolla la gran maquinaria del saber (sentido-verdad-univocidad) y del poder (autoridad-jerarquía-dominación-legitimación) regidas por la instancia formal y pretendidamente neutra de lo Uno y lo Mismo" (J. Derrida, *El tiempo de una tesis: Deconstrucción e implicaciones conceptuales*, Barcelona, Proyecto A Ediciones, 1997, p. 8). La noción de logos colonial-moderno enfatiza la continuidad histórico-espiritual entre la conquista, la colonización y la expansión capitalista con el ideal ilustrado de emancipación. En términos genealógicos, en la razón como parte de este ideal persiste una lógica inmanente de dominación y exclusión como ha sido teorizado por Adorno y Horkheimer.

   [3] "Sustituyo el término eurocentrismo por el de *euroccidentalismo*, sugerido por Marcel Mazoyer. En efecto, el término euroccidentalismo impone siempre una puesta a punto, recordando que concierne tanto a Estados Unidos como a Europa, polos ambos de lo que se ha convenido en llamar Occidente" (S. Amin, "De la crítica del racialismo a la crítica del euroccidentalismo culturalis-

vos campos de exploración de *lo político*, y supone un cuestionamiento radical a la lógica colonial-moderna de *la política* en el continente. Siguiendo a Jacques Rancière, entiendo lo político como la dimensión de antagonismo y conflicto que existe en las relaciones sociales. Lo político es el ámbito de ruptura con las configuraciones legales y sensibles donde se definen las partes —o su ausencia— por un supuesto que, por definición, no tiene lugar en ella: el de una parte que le corresponde a *los que no tienen parte*. Esta ruptura se manifiesta por una serie de actos que vuelven a representar el espacio donde se definían las partes o su misma ausencia. En cambio, la política apunta al establecimiento de un orden legal y sensible en donde se definen las divisiones entre los modos del hacer, los modos del ser y los modos del decir, que hacen que tal actividad sea visible y que tal otra no lo sea, que tal palabra sea entendida como perteneciente al discurso y tal otra al ruido. La lógica de lo político actúa sobre la lógica de la política desplazando, conflictuando y tensionando las formas de representación de la política.

La negación de la alteridad temporal y la alteridad espacial, intrínsecas de lo social en el Tercer mundo,[4] se inscribe en el origen

---

ta", en A. Césaire, *Discurso sobre el colonialismo*, Madrid, Akal, 2006, p. 95). Entre Europa y los Estados Unidos existe una continuidad histórico-espiritual que ha sido teorizada y cultivada desde el siglo xviii en adelante por pensadores como Tocqueville y Hegel, entre otros; en tal sentido, enfatizamos la continuidad político-espiritual de las prácticas de los procesos de conquista, colonización y expansión capitalista. En todo caso, la expansión capitalista en tanto occidentalización del mundo, en el sentido brutal y dramático del término, hacen imposible distinguir entre la dimensión económica de la conquista y su dimensión cultural, el eurocentrismo. Por ello convenimos denominarlo *euroccidentalismo*, en tanto el proceso expansivo del capitalismo y las formas de colonización asociadas a él se han profundizado económica, política, militar y culturalmente en los últimos años. En las formas de interpelación del euroccidentalismo encontramos patrones comunes político-espirituales de intervención y sojuzgamiento.

[4] La expresión "Tercer mundo", adoptada a partir de la Conferencia de Bandung, celebrada en la Indonesia de Sukarno, intentaba construir intelectual y políticamente la idea de una unidad de países de África, Asia y América Latina con patrones económicos y políticos de estancamiento y atraso cultural similares. El Tercer Mundo, por tanto, no sería una realidad, sino *una ideología*

de la ley constitutiva de la lógica colonial-moderna de la política. En palabras de Eduardo Grüner, "no es que la violencia sea una trasgresión a una Ley preexistente, ni que la Ley venga a reparar una violencia inesperada: la violencia es condición fundacional de la Ley, y desde luego persiste más allá de esa fundación".[5] La concepción del poder como instancia que representa la Ley y que constituye la unidad de la sociedad en las diversas representaciones del Tercer mundo, silencia un origen sobre la violencia simbólica que instituye un modo de representar el poder y la sociedad. La ley y su orden simbólico de los cuerpos se complementan con una narrativa colonial-moderna que cooptaba dentro de su relato histórico a los otros forcluidos. La historiografía demo-liberal siempre asimilaba las revueltas populares (efectuadas por las identidades forcluidas) a fenómenos naturales: aparecían de forma súbita y violenta, se propagaban como fuegos en un bosque e infectaban como epidemias a la sociedad civilizada. En sentido estricto, en términos de una historia natural que no alteraba los designios de una teleología que funcionaba como profetología, se consolidaba esta narrativa colonial-moderna. Esta historiografía explicaba las revueltas como movimientos que carecían de voluntad y razón, y condenaba a los sujetos de las revueltas *al ruido*, a la ausencia de voz.

La historiografía demo-liberal ahogaba las voces de estos movimientos sociales y las incapacitaba para pronunciarse políticamente. Lejos de comprenderlas, las instrumentalizaba dentro de una historia donde los protagonistas son elementos contingentes de una teleología destinada a realizarse como destino de una destinación. El formato demo-liberal que sirve de suplemento al logos colonial-mo-

---

de intervención positiva de este conjunto plural de países. Alfred Sauvy y Georges Balandier habían dado el nombre de Tercer mundo a este tercer conjunto de países del mundo en referencia explícita al *tiers état* del periodo prerrevolucionario en la Francia del Antiguo Régimen. Véanse: C. Platsch, "The Three Worlds or the Division of Social Scientific Labor circa 1950 – 1975" en *Comparative Politics in Society and History*, 23 (4), pp. 565-590 y M. A. Contreras Natera, *El posdesarrollo en la búsqueda de un regionalismo crítico*, Caracas, CENDES-UCV, 2000.

[5] E. Grüner, *Las formas de la espada. Miserias de la teoría política de la violencia*, Ediciones Colihue, Buenos Aires, 1997, p. 32.

derno supone una sociedad determinada esencialmente por la economía. La naturalización del *pathos* liberal se dirige a cuestionar toda constricción a la libertad individual, al principio de propiedad privada o a la libre competencia. Conviene recordar que estos naturalizados principios del formato demo-liberal se mueven entre la ética y la economía, objetivando un sistema de conceptos despolitizados que encubre, a su vez, una intencionalidad política, y sobre todo, forcluye la herencia no-pensada del logos colonial-moderno en la región.

En América Latina, la desestabilización del logos colonial-moderno ha implicado una emergencia de lo político que se manifiesta en la irrupción de los movimientos sociales, culturales y populares, y en una renovación de lo político y la política que se expresa inicialmente en los debates crecientes sobre la necesidad de convocar a una asamblea nacional constituyente en una gran mayoría de países de la región. La visibilización de la política como violencia jurídica inscrita y naturalizada en la legalidad de lo social y lo político ha sido uno de los ejes temáticos de dichos movimientos. Ciertamente, al develar el carácter particular del logos colonial-moderno, la política aparece como una universalización naturalizada que ha dejado de ser válida puesto que su idea de orden natural trascendente se ha dislocado. En definitiva, la irrupción de nuevos conceptos de la política implica comprender la necesidad de un proceso profundo de renovación del contrato social en la región.[6] El poder aparece como un lugar vacío e infigurable. En palabras de Claude Lefort, "el poder se distingue entonces como esa instancia simbólica que propiamente hablando no está ni en el exterior ni en el interior del espacio al que confiere su identidad, pero que simultáneamente le prepara un dentro y un fuera, es el lugar desde el que la sociedad se hace ver, leer, nombrar".[7]

---

[6] La ficción normativa del liberalismo presupone la idea de un contrato social celebrado entre los individuos de una comunidad en una situación pre-política, que deciden organizarse en búsqueda de su beneficio y que para tal fin renuncian a ciertas ventajas del estado de naturaleza, del que parten sometiéndose a la voluntad general representada en el soberano estatal.

[7] C. Lefort, *El arte de escribir y lo político*, Barcelona, Herder Editorial, 2007, p. 15.

En todo caso, el logos colonial-moderno, al encubrir la violencia instituida como Ley y borrar las determinaciones históricas de su constitución, naturalizó el enunciado universalista de la Ley del mundo. Este sello colonial-moderno se inscribió en la propia geografía política de los Estados en América Latina. En sentido estricto, hipostasió el principio de legalidad del formato demo-liberal. La irrupción de lo político expresa una innovación de las relaciones sociales que abre las potencias creativas del poder constituyente. En el entendido de que el poder constituyente de los pueblos en América Latina está íntimamente relacionado con la profunda cesura epocal, con un arrancamiento a la naturalidad del lugar, que ha posibilitado procesos de des-identificación subjetiva. "El poder constituyente es la capacidad de retornar a lo real, de organizar una estructura dinámica, de construir una forma formante que, a través de compromisos, balances de fuerza, ordenamientos y equilibrios diversos, recupera sin embargo siempre la racionalidad de los principios, esto es, la adecuación material de lo político frente a lo social y a su movimiento indefinido".[8]

En todo caso, el propósito central de una renovada teoría crítica está encaminado a los potenciales de rebelión, transformación y ruptura de los movimientos antisistémicos, a fortalecer sus capacidades obstruidas para establecer las condiciones de posibilidad de procesos democráticos, socialistas y plurales de autodeterminación individual y colectiva. En palabras de Gilles Deleuze, está encaminado a construir alternativas rizomáticas que den cuenta de la producción de una subjetividad de resistencia, contra-hegemónica, emancipatoria y radicalizada. De hecho, la *primavera política* en América Latina es una potente y silenciosa transformación molecular que toma cuerpo en los discursos, los gestos y las actitudes de las formas emergentes de subjetivación radicalizada; la cual se prefigura en la desestabilización de quinientos años de historia del logos colonial-moderno y sus regímenes de exclusión, forclusión y segmentación. En este sentido, el cuestionamiento al Quinto centenario ha permitido afirmar una contra-historia, reivindicar la memoria, las

---

[8] A. Negri, *El poder constituyente. Ensayo sobre las alternativas de la modernidad*, Madrid, Editorial Libertarias Prodhufi, 1994, p. 46.

formas de vida, los saberes y los lenguajes forcluidos como condición de posibilidad de las actuales luchas por territorio y autonomía. Sólo en el trato ajustado con los no-idénticos se cumple la exigencia de la justicia humana. En consecuencia, lo fundamental es la producción teórico-práctica de imaginarios de resistencia, críticos y radicalizados, que se conciban como la construcción de una realidad humana diferente, que recuperen —siguiendo el propósito de Norbert Lechner— la política como creación deliberada del futuro.

Desde una perspectiva programática, la globalización neoliberal ha desempeñado un papel crucial en el manejo de las crisis económicas en los últimos cuarenta años. De cualquier manera, la influencia del Fondo Monetario Internacional (FMI) y del Banco Mundial (BM) ha sido fundamental en cuanto a las definiciones, orientaciones y representaciones de la política económica en el sistema histórico capitalista. Las prescripciones neoliberales de la política económica han sido concebidas como una estrategia única, instrumentada ante un conjunto heterogéneo de situaciones. A fin de cuentas, el neoliberalismo puede ser descrito como la estrategia hegemónica para la construcción de una globalización económica, en tanto que las principales instituciones gestoras de la economía-mundo capitalista lo promueven [la Organización para la Cooperación y el Desarrollo Económicos (OCDE), la Organización Mundial del Comercio (OMC), el FMI y el BM] como política económica fundamental; ocupa un lugar central como política cultural en Estados Unidos, Gran Bretaña, Nueva Zelanda, Canadá, México, Colombia y Chile; se ha consolidado como recetario de ajuste estructural ante las crisis cíclicas del capitalismo tardío de los últimos cuarenta años —incluyendo las recientes crisis de Irlanda, España, Portugal y Grecia—, y se configuró como solución pragmática en el proceso de reestructuración de las economías postsocialistas en sus búsquedas de incorporación a la economía mundial. Por todas estas razones, que ciñen un amplio contexto, a mediados de los noventa se acuñó la noción de *pensamiento único* para referirse al dominio del neoliberalismo como doctrina hegemónica en el sistema histórico capitalista.

Antes, desde mediados de los setenta, se convirtió en un fenómeno planetario que exacerbó formas de acumulación por desposesión a escala global, articulándose con innovaciones en el campo de las finanzas y la tecnología, produciendo entre sus efectuaciones más dramáticas una geografía de la forclusión. En este sentido, el crecimiento económico, como dispositivo de interpelación del discurso neoliberal, justificó las expulsiones sociales y los territorios arrasados —utilizando la expresión de Saskia Sassen—. Transformado en programa político-cultural de amplio alcance y en *utopía teleoescatológica*, se convirtió en el pensamiento dominante de los procesos de mundialización económica. Tanto por la difusión de éste como política de ajuste estructural, como por la tremenda embestida que desde diversos ámbitos de mediación orientaron la ofensiva neoliberal-neoconservadora. Su lema, como lo diría Franz Hinkelammert, es destruir la utopía para que no exista ninguna otra.

La globalización neoliberal, entonces, se basa en la libertad de los flujos de mercancías y capitales, y en la ausencia de intervenciones estatales a estos flujos. Los mercados financieros se han convertido en *vectores de transformación* en la configuración de la globalización neoliberal, donde la cotización bursátil o el valor de mercado de las empresas (acciones) se establecen como *facticidad normativa de rendimiento*. En síntesis, la desregulación de los mercados financieros nacionales, la integración global de centros financieros y las tecnologías de la información y la comunicación (TIC) han contribuido al crecimiento exponencial de los mercados financieros globales.

Pero, también, la simultaneidad entre la dispersión espacial de las actividades económicas y la centralización territorial de la gestión de información apunta a construir una nueva geografía económica transnacional es el principio alocativo cuyo mercado es el soslayando cualquier jurisdicción nacional. Esto implica la reconfiguración del papel del Estado en la economía global en una mutación dentro del régimen de acumulación global que reorganiza a las transnacionales, a las agencias multilaterales y a los gobiernos al facilitar los flujos de mercancías y capitales, y fomentar la competencia por medio de subvenciones. Con ello, la globalización neoliberal ha contribuido a la formación de regímenes legales transnacionales que se centran en los conceptos económicos occidentales de contrato y propiedad intelectual. Instituciones multilaterales como el FMI, el BM y la OMC han contribuido significativamente con sus recomendaciones de políticas económicas a consolidar este régimen transnacional en los últimos años. La colonización del derecho comercial occidental ha posibilitado que la jurisdicción, las normas y las prácticas contables de Estados Unidos e Inglaterra se conviertan en un sistema supranacional de funcionamiento legal de la economía informacional global. Muestra de ello es que los mercados mundiales de finanzas y de servicios avanzados operan a través de un régimen legal transnacional que no está centrado en el Estado, sino en el mercado.[9]

El mercado es presentado sobre la base de leyes universales y objetivas, en las cuales están ausentes las acciones y estrategias humanas y, sobre todo, las relaciones de poder capitalistas. Todo tipo de intervención en la economía representa una distorsión del mercado y sus agentes ordenadores; por tanto, toda intervención es una amenaza al mercado. Y dado que no es posible ordenar a la sociedad como un todo, lo que se puede crear con los intentos ordenadores es caos y destrucción. Así lo dice Karl Popper, "la hibris que nos mueve intentar realizar el cielo en la tierra, nos seduce a transformar la tierra en un infierno, como solamente lo pueden realizar unos hombres con otros".[10] Por tanto, el mercado es el único orden capaz de integrar eficazmente, en un orden único, un elevado número de actividades basadas en la disponibilidad de una serie de personales conocimientos dispersos. Cuando intentamos controlar este proceso no hacemos sino poner barreras a su desarrollo y, más temprano o más tarde, provocar una parálisis del pensamiento y una decadencia de la razón.

Bajo esta concepción, la sociedad estaría constituida por órdenes autopoiéticos conformados por normas consuetudinarias, producto de la darwiniana selección evolutiva. Estos órdenes no son productos del diseño humano, sino de la espontánea acción individual. Los

---

[9] "Por ejemplo, el préstamo bancario internacional creció de 1.89 trillones de dólares en el año 1980 a 6.24 trillones en 1991 —un incremento de cinco veces en sólo diez años—. Tres ciudades (Nueva York, Londres y Tokio) conformaron el 42% de todo el préstamo internacional del año 1980 y el 41% en 1991, de acuerdo con la información del Bank of International Settlements, la institución líder a cargo de inspeccionar la actividad bancaria" (S. Sassen, *Los espectros de la globalización*, Fondo de Cultura Económica, Buenos Aires, 2003, p. 23).

[10] Citado en F. Hinkelammert, *El nihilismo al desnudo. Los tiempos de la globalización*, Santiago, LOM, 2001, p. 36.

cambios sociales son aproximaciones a la *verdadera naturaleza* o *interferencia y desviaciones;* siempre se refieren a un mismo y exclusivo principio de ordenamiento. Es decir, podríamos perfeccionar los mecanismos de mercado o distorsionarlos, pero no podríamos modificar las leyes del mercado. Conociendo estas regularidades, la realidad social sería calculable, es decir, controlable. El orden natural no sería una fuerza ciega que se impone a espalda de los hombres, sino el único orden posible.

Para que un conocimiento de este tipo pueda guiar las relaciones sociales, debe suponer una realidad objetiva, es decir, unívoca; y al mismo tiempo, la convivencia humana estaría regida por leyes propias, independientes de la voluntad humana. Los neoliberales parten de la noción de un orden natural espontáneo, suponiendo así un orden autorregulado, en donde su funcionamiento no depende de decisiones soberanas, controles administrativos o deliberaciones colectivas. La naturalización de la sociedad remite a una concepción de la realidad que considera a ésta como una materialidad preexistente a su formación social e histórica, es decir, se identifica real y natural, de modo que la realidad social estaría estructurada por leyes de causalidad, inteligibles de manera análoga a las ciencias naturales. En tal sentido, lo que se presenta como orden natural del mercado es sustraído de su decurso histórico para naturalizar y deificar la sociedad liberal-capitalista.

Todo el orden del mercado es presentado para encubrir el carácter genético e histórico del orden liberal-capitalista y sus concomitantes efectuaciones teórico-prácticas. No hay que olvidar que para autores como Hayek, la mayor parte de las normas que regulan nuestros actos, así como las instituciones nacidas de dicha regulación, representan necesarias adaptaciones de la sociedad ante la omnicomprensiva imposibilidad de captar la infinidad de circunstancias que afectan el orden social espontáneo (cosmos). "El hombre se adapta a la realidad que le rodea sometiéndose a normas que no sólo no ha elaborado, sino que, incluso, en muchas ocasiones, ni siquiera específicamente conoce, aunque no por ello deje de ser capaz de conformar en ellas su actividad".[11] Todo evento individual es

---

[11] F. Hayek, *Camino de servidumbre*, Madrid, Alianza Editorial, 1985, p. 36.

subsumido a las rígidas representaciones naturales del orden del mercado. Esta idea de naturaleza humana posesiva, portadora de rasgos fijos e invariables (competitividad, egoísmo e individualidad), determina la conducta, los intereses y los deseos del individuo en su versión neoliberal. El despliegue de un conjunto formalizado de conocimientos, tecnologías y prácticas culturales cimentadas en la idea-fuerza de la naturaleza humana, y establecidos sobre un diagnóstico básico, logró consolidar nuevas formas de racionalidad. Este conjunto, basado en explicaciones simples sobre el funcionamiento del sistema histórico capitalista, prescribe una estrategia única (social, económica, política e incluso medioambiental) para enfrentar las crisis económicas a una comunidad internacional heterogénea; neutralizando los potenciales disruptivos del capitalismo histórico. De esta forma, normalización, uniformidad y armonía fueron impuestas a escala mundial sobre la base de una *pseudopositividad*.

> El neoliberalismo es, ante todo, una teoría de prácticas político-económicas que afirma que la mejor manera de promover el bienestar del ser humano consiste en no restringir el libre desarrollo de las capacidades y de las libertades empresariales del individuo dentro de un marco institucional caracterizado por derechos de propiedad privada fuertes, mercados libres y libertad de comercio [...]. Para que cualquier forma de pensamiento se convierta en dominante, tiene que presentarse un aparato conceptual que sea sugerente para nuestras intuiciones, nuestros instintos, nuestros valores y nuestros deseos, así como también para las posibilidades inherentes al mundo social que habitamos [...]. Los fundadores del pensamiento neoliberal tomaron el ideal político de la dignidad y de la libertad individual como pilar fundamental, que consideraron los valores centrales de la civilización.[12]

En sentido estricto, hablamos de una racionalidad tecno-instrumental en los términos desarrollados por Adorno y Horkheimer. La libertad individual, como dispositivo de interpelación, sirvió de su-

---

[12] D. Harvey, *Breve historia del neoliberalismo*, Madrid, Akal, 2007, pp. 6 y 11.

plemento para la organización de tecnologías, afectos y procedimientos que fomentaban la libre empresa, la individuación y la responsabilidad como la nueva sensibilidad epocal. Una variedad de modos de hacer, sentir y pensar modulaban subjetividades, territorios e instituciones, produciendo en su dinámica inmanente la mercantilización espiritual de la vida.[13] En tanto idea rectora, el neoliberalismo implicó formas de subjetivación de amplísimas repercusiones en los imaginarios de las sociedades globalizadas, naturalizándose social y culturalmente en lo que llamaremos *neoliberalización espiritual*.[14]

Pero, también, el proceso de neoliberalización requería la construcción de una política cultural dirigida a distinguir entre el consumo de élite y el consumo popular. La consolidación posmoderna de un consumo diferenciado, arraigado en una cosmovisión libertaria individual, reescribe las formas de interpelación en clave cultural. La exploración narcisista del yo, la sexualidad y la identidad se convirtieron entonces en el sustrato político-cultural de interpelación en las principales ciudades modernas. Asimismo, la libertad y la licencia artísticas promovidas por instituciones culturales condujeron al fortalecimiento de la neoliberalización espiritual.[15] En pa-

---

[13] V. Gago, *La razón neoliberal. Economías barrocas y pragmática popular*, Buenos Aires, Tinta Limón Ediciones, 2014, p. 10.

[14] En una conversación sostenida con el antropólogo colombiano Arturo Escobar, durante una visita que hiciera a Caracas en junio de 2006, planteé el uso del concepto *neoliberalización espiritual*. Con él, nos referimos principalmente a la profunda influencia político-espiritual en el imaginario de la intelectualidad venezolana y mundial de los preceptos del neoliberalismo. El anudamiento entre *think tanks*, respaldados y financiados por corporaciones transnacionales, y medios de información, así como la conversión de segmentos importantes de la intelectualidad de la región, contribuyeron a crear una sensibilidad favorable al credo neoliberal. De modo tópico, el concepto refiere la configuración de un sentido común epocal, pero, también, la innegable colonización de la realidad latinoamericana, que significó la recepción intracapilar de sus programas y horizontes sustantivos. En fin, designa cómo se constituyó en el imaginario de la región una mercantilización del espíritu.

[15] "Establecer la cartografía de la expansión de las ideas es siempre una tarea ardua, pero en 1990 prácticamente la mayoría de los departamentos de economía de las universidades más importantes dedicadas a la investigación, así como también las escuelas de estudios empresariales, estaban dominadas por

labras de Verónica Gago, la topología arriba-abajo permite comprender la programática neoliberal como un doble proceso de implantación, anudamiento y consolidación de una nueva sensibilidad epocal. Por un lado, como ofensiva político-espiritual desde dispositivos, prácticas y discursos de mediación transnacionales; por otro, como una mutación molecular que se expande, combina y ajusta en el ámbito de los sectores medios y populares. En esta última dirección, como "proliferación de modos de vida que reorganizan las nociones de libertad, cálculo y obediencia, proyectando una nueva racionalidad y afectividad colectiva".[16]

Desde la perspectiva neoliberal, el individuo estaría desconectado simbólica y cognitivamente del punto de vista del todo, y no tendría sentido ubicarse en el del conjunto de la sociedad. Todo esto remite a disfunciones sociales mayores, modos de funcionamiento profundamente patológicos, procesos de des-realización del Otro y de lo social. Hay todo un conjunto de rasgos que definen a este individuo: la adherencia a sí, formas de encerramiento, relaciones marcadas por narcisismos extremos, estrategias de evitación e inconsistencias. La sociedad es el ámbito donde estos individuos despliegan, cultivan y atienden sus deseos privados. De esta forma, se fortalece una noción de responsabilidad individual que dificulta la comprensión de los acontecimientos en términos sociales: cada uno se convierte en el responsable de su propia vida y debe dirigir de una manera óptima su capital estético, afectivo, físico y libidinal. Aquí la socialización y la desocialización se identifican, y en el extremo del desierto social se yergue el individuo soberano, informado, libre y administrador de su vida. Al volante, cada cual se abrocha su cinturón de seguridad.

La libertad no se entiende como una activación —necesariamente selectiva— de los poderes de la voluntad de elegir, es ahora la habilidad para mantener abiertas todas las opciones disponibles y probar de todo. El individuo no experimentaría más lo social como una instancia, una esfera exterior a él, a la que debería referirse e

---

formas de pensamiento neoliberal" (D. Harvey, *Breve historia del neoliberalismo*, cit., p. 63).
[16] V. Gago, *La razón neoliberal. Economías barrocas y pragmática popular*, cit., p. 10.

identificarse bajo diferentes términos: el uso, la tradición. Ya no distingue claramente lo colectivo, los derechos para con los otros; pierde la noción de la distancia que media entre él —que estaría en el centro— y lo social, que debería permitirle conformarse, oponerse o al menos demarcarse. Este individuo está literalmente afianzado en el sentido de que dispone de suficientes soportes para creer que no tiene necesidad de nada fuera de sí mismo para existir. La plenitud entendida así, puede conducir al narcisismo y a la ataraxia paradojal de aquél que, desbordado de objetos, se encuentra fortificado en sí mismo e indiferente al mundo social, pero al mismo tiempo impotente frente a un mundo al cual no tiene más nada que demandar. Su naturaleza posesiva lo consume.

Con el objeto de legitimar un nuevo elitismo meritocrático, mediante el consumo ostentoso se configuró entonces un *equipamiento tipo* de seducción, basado en una cultura centrada en el dinero, el poder y la ambición. El equipamiento tipo de la neoliberalización espiritual implicaba la formación, en el ámbito de consumo, de una mítica y desmovilizada forma de vida de clase media profesional e intelectual de alta remuneración, conservadora ideológica y políticamente, de renovada cultura promocionista, internacionalista e individualista; en cuanto el discurso ideológico dominante remitía a la expansión de una economía financiera globalizada y a una naturalización de las desigualdades sociales. En este último aspecto, remitía a un *racismo liberal*. Las industrias del diseño, la moda, la dietética, la decoración, las joyas y los perfumes; contribuirían a reforzar la imagen, el conocimiento y la belleza del éxito individual de esta clase media que hemos definido; en contraste abierto con la precariedad, la ignorancia, la pobreza y la fealdad de los otros masificados y forcluidos. "El éxito o el fracaso personal son interpretados en términos de virtudes empresariales o de fallos personales [...] en lugar de ser atribuidos a ningún tipo de cualidad sistémica".[17]

En sentido estricto, los resultados que produce la utopía teleoescatológica neoliberal no deben ser objeto de reflexión; por tanto, se excluye una crítica del mercado en nombre de sus resultados, naturalizando deliberadamente las desigualdades y exclusiones, desvincu-

---

[17] D. Harvey, *Breve historia del neoliberalismo*, cit., p. 75.

lando la destrucción social, cultural y ecológica del orden capitalista existente. Desde esta perspectiva, las políticas de ajuste y reformas estructurales, las privatizaciones y la apertura comercial no constituyen asuntos en torno de los cuales hay que debatir políticamente, se trataría simplemente de exigencias objetivas que imponen las nuevas tendencias de la economía global. La remercantilización de la ciudadanía social (derechos sociales) sustituye las leyes de los Estados-nación por las leyes objetivas del mercado. Estas transformaciones globales, inducidas por la diseminación de los mercados de capitales, apuntan a resquebrajar la autoridad del enmarque westfaliano en dos sentidos complementarios entre sí.

Primero, es necesario preguntarse sobre la capacidad de disciplinamiento del mercado global de capitales con relación a la autonomía de las políticas fiscales y monetarias de los Estados nacionales. Ésta es una fuente de conflicto fundamental asociada a las formas de ajuste que se han ensayado con las reformas estructurales de orientación neoliberal. Segundo, la emergencia y fortalecimiento de la economía neoliberal informacional crea nuevas sinergias respecto a los Estados, desafiando la centralidad de la soberanía nacional. En definitiva, se están fortaleciendo las condiciones estructurales de una realidad global informacional y plural donde emergen desafíos críticos en el campo de las ideologías y las identidades, en donde se separa el mundo de la vida del mundo sistémico, sustituyendo los criterios del juicio humano por el imperativo categórico de las leyes inexorables del mercado.

> Desde el punto de vista del criterio de eficiencia formal, no hay alternativa para nada que sea empujado en nombre de este criterio. De esta manera, se contraponen el criterio de la eficiencia formal por un lado, y todos los derechos humanos por el otro [...]. Si el criterio de la eficiencia formal domina sobre todos los valores, la relación con los valores se torna puramente nihilista. Valores que valen para el caso en que coinciden con las exigencias de la eficiencia, y dejan de tener valor en cuanto no coinciden, no tienen ningún valor.[18]

---

[18] F. Hinkelammert, *El nihilismo al desnudo. Los tiempos de la globalización*, cit., p. 33.

En esto consiste el proyecto no-dicho de la Comisión Trilateral y sus primeros documentos fundacionales sobre la gobernabilidad democrática (o democracia controlada). El imperativo de la competitividad y la necesidad de restablecer la gobernabilidad iban en el mismo sentido: era necesario que el capital se liberara de las restricciones sociales (Estado social de derecho), que el Estado se subsumiera a los imperativos de la competitividad de las transnacionales aceptando la supremacía de las leyes del mercado. El juego sin obstáculos de esas leyes objetivas sustrae e inmuniza al capital del campo de fuerzas de lo político. Del marxismo, considerado caduco, el neoliberalismo retoma el tema de la necesidad objetiva, identificada ahora con la eficiencia formal del mercado global. En esta medida, el neoliberalismo no sólo es la ideología del *pensamiento único*, sino el conjunto de formas de pensamiento que reproducen la realidad de la globalización. El régimen neoliberal —en tanto principios, normas y procedimientos de toma de decisiones alrededor de los cuales convergen las expectativas de los agentes económicos, políticos y militares—, ha modelado los mecanismos e interacciones en el sistema histórico capitalista en los últimos treinta años. Esta utopía teleoescatológica que se propone como descripción científica de lo real, en tanto abstracción formal, consiste en poner entre paréntesis las condiciones y estructuras económicas y sociales que son la condición esencial de su ejercicio.

La lógica del campo y la fuerza propia del capital concentrado imponen relaciones de fuerza favorables a los intereses de los dominantes. Éstos disponen de los medios para transformar esas relaciones de fuerza en reglas de juego de apariencia universal a través de las intervenciones engañosamente neutras de las grandes instituciones internacionales (FMI, OMC) que dominan, o amparados por unas representaciones de la economía y la política que están en disposición de inspirar y de imponer y cuya formulación más cabal se manifiesta en el proyecto del Acuerdo Multilateral sobre Inversiones (AMI): esa especie de utopía de un mundo liberado de todas las presiones estatales y sólo a merced de la arbitrariedad de los inversores permite hacerse una idea del mundo realmente mundializado que la internacional conservadora de los dirigentes y de los ejecutivos de las multinacionales industriales y financie-

ras de todas las naciones pretende, basándose en el poder político, di-
plomático y militar de un Estado imperial reducido a funciones de
mantenimiento de orden interno y externo.[19]

En este punto, el horizonte fáctico de la hegemonía neoliberal se
caracteriza por la exacerbación de contradicciones sistémicas irre-
solutas. En los años ochenta se profundizó la transformación del
modelo productivo y de regulación dominante en el capitalismo de
la segunda Posguerra y, en vinculo con las texturas transformativas,
se cambió sustancialmente el sistema de convenciones que enmar-
caban cognitiva e ideológicamente al modelo fordista-keynesiano.
Asistimos a un deslizamiento profundo de una sociedad basada en la
seguridad y las garantías laborales hacia una sociedad de la precarización, el riesgo y la incertidumbre, apoyada, fundamentalmente,
en la plena disponibilidad mercantil y en la compensación de los
derechos de propiedad con los derechos sociales. En otras palabras,
y en sentido estricto; presenciamos la subordinación de cualquier
derecho de ciudadanía a los derechos de propiedad.

En suma, se ha flexibilizado la producción, buscando adaptarla a
unos mercados fundamentalmente estocásticos, caóticos y turbu-
lentos, sometidos a los imperativos de la competencia, la innovación tecnológica y la globalización financiera. Los nuevos paisajes
de este tipo de producción se caracterizan por la desindustrializa-
ción, la reprimarización, la hipertecnologización y la deslocaliza-
ción productiva, con sus consecuentes efectuaciones en el ámbito
del trabajo: precarización, desafiliación y pauperización laboral.

---

[19] P. Bordieu, *Las estructuras sociales de la economía*, Barcelona, Editorial Ana-
grama, 2003, p. 282.

CAPÍTULO I
La ontología política del neoliberalismo

El neoliberalismo es una doctrina que no se restringe al campo de la economía, en tanto constituye una concepción global de la política, la ética, el derecho, la sociedad y el hombre. En agosto de 1938, en el contexto del Coloquio Walter Lippmann[1] en París, el economista alemán Alexander Rüstow acuñó el concepto *neoliberalismo*, con el objeto de defender un liberalismo clásico contrario a cualquier forma de intervención estatal. El motivo fundamental de los ataques del Coloquio era el consenso político-económico que comenzó a consolidarse como respuesta a la recesión de la economía capitalista, y sobre todo, a la centralidad que promovió la obra de John Maynard Keynes del rol del Estado en las economías industrializadas (ampliación de la demanda mediante un incremento del gasto público). La simultaneidad entre el fin del capitalismo liberal y la emergencia de la regulación estatal marcaba con su impronta los nuevos escenarios del capitalismo tardío. El amplio consenso del Coloquio motivó posteriormente la creación de la Sociedad Mont Pelerin,[2] con el propósito de preservar el destino y futuro del liberalismo como doctrina filosófica, política y económica. La eficacia simbólica de esta Sociedad se encuentra estratégicamente comprobada por las profundas consecuencias de sus efectos político-económicos. En la declaración fundacional se lee:

---

[1] Convocado para unir esfuerzos en la defensa del sistema de precios, la libre empresa y un Estado imparcial.

[2] Reunida en 1947 bajo el liderazgo de Friedrich von Hayek en el Hotel du Parc en la villa de Mont Pelerin, se convocó a un grupo de intelectuales alineados a los intereses del capital para discutir sobre los retos del liberalismo en el contexto de los nuevos escenarios de la segunda posguerra.

Los valores centrales de la civilización están en peligro. Sobre grandes extensiones de la superficie del planeta las condiciones esenciales de la dignidad y de la libertad humana ya han desaparecido. En otras, están bajo contante amenaza ante el desarrollo de las tendencias políticas actuales. La posición de los individuos y los grupos de adscripción voluntaria se ve progresivamente socavada por extensiones de poder arbitrario. Hasta la más preciada posesión del hombre occidental, su libertad de pensamiento y de expresión, está amenazada por el despliegue de credos que, reclamando el privilegio de la tolerancia cuando están en situación de minoría, procuran solamente establecer una posición de poder desde la cual suprimir y obliterar todas las perspectiva que no sean la suya. El grupo sostiene que estos desarrollos se han nutrido de la propugnación de una visión de la historia que rechaza toda pauta moral absoluta y por el crecimiento de teorías que cuestionan la deseabilidad del imperio de la ley. Sostiene adicionalmente que se han visto estimulados por la declinación de la fe en la propiedad privada y en el mercado competitivo; por cuanto sin el poder difuso y la iniciativa asociados a estas instituciones, es difícil imaginar una sociedad en la cual la libertad pueda ser efectivamente preservada.[3]

En el Post scríptum de la edición en inglés, de 1950, de *Los fundamentos de la libertad*, Friedrich von Hayek delinea su programa político-espiritual:

La batalla de ideas, más precisamente la lucha de ideas, consiste en generar cierta idea coherente del mundo en el que se quiere vivir [...] a través de un conjunto de ideas abstractas y generales. Para que las ideas abstractas y generales incidan en la acción política, es decir, que hagan políticamente posible lo que parece imposible, tienen que llegar a ser de propiedad común, a través de la obra de historiadores, publicistas, maestros, escritores e intelectuales. Es —dice— un proceso lento de difusión que tarda a veces más de una generación, que no se da como expansión en un solo plano, sino como lenta filtración desde la cúspide de una pirámide hacia la base. Pero esas nuevas ideas no llegan a la base en su estado de generalidad, sino que llegarán a conocerse sólo a través

---

[3] Citado en D. Harvey, *Breve historia del neoliberalismo*, cit., pp. 26-27.

de su aplicación a casos concretos y particulares. Por eso Hayek no quería que la Sociedad Mont Pelerin creciera demasiado en el número de miembros, quería que fuera la cúspide de la pirámide, el cónclave de los mejores talentos para la empresa intelectual de gestar una nueva versión del liberalismo.[4]

En *Camino de servidumbre*, Friedrich von Hayek defiende "que las partes presentes en el mercado tengan la libertad para vender y comprar a cualquier precio al cual puedan contratar con alguien, y que todos sean libres para producir, vender y comprar cualquier cosa que se pueda producir o vender".[5] Hayek y Karl Popper, alineados con los objetivos del Coloquio Walter Lippmann y la Sociedad Mont Pelerin posteriormente, caracterizaban sus obras como una defensa radical del liberalismo clásico de Thomas Hobbes, John Locke y James Harrington, en tanto constituyen antologías del pensamiento liberal que le concede valor a la libertad individual y es sensible a todos los peligros inherentes a las formas de poder y autoridad. Hayek dice que su obra principal constituye una antología del pensamiento liberal o individualista. Popper sintetiza su posición intelectual de la manera siguiente: llamo liberal no al simpatizante de un partido político, sino simplemente al hombre que concede valor a la libertad individual y es sensible a los peligros inherentes de todas las formas de poder y autoridad. Esta denominación de Popper enfatiza la continuidad con el liberalismo clásico.[6] Entre Friedrich Hayek y Karl Popper se estableció una colaboración intelectual estrecha que ha sido explicitada por ambos. En el Prólogo de *La sociedad abierta y sus enemigos*, Popper escribe: "He contraído una deuda de gratitud con el profesor Hayek, sin cuyo

---

[4] B. Stolowicz, *A contracorriente de la hegemonía conservadora*, México, Espacio Crítico/Universidad Autónoma Metropolitana/Ítaca, 2012, p. 357-358.

[5] F. Hayek, *Camino de servidumbre*, cit., p. 65.

[6] Los principales autores del paradigma neoliberal, además de Friedrich von Hayek y Karl Popper, son: Milton Friedman, Gerhard Ritter, Ludwig von Mises, Frank Hyneman Knight, Gordon Tullock, James Buchanan y Anthony Downs. Como una vertiente democrática a lo interno del liberalismo, tenemos autores como John Stuart Mill, John Dewey, Harold Laski y Leonard Trelawny Hobhouse.

interés el libro no habría llegado a publicarse". Hayek a su vez incluye a Popper entre "los nombres [que] más han contribuido a conformar la trayectoria de mi pensamiento, como uno de los colegas que toman parte en la contienda".

Para ambos autores, sólo es posible hablar de la libertad individual defendiendo los *derechos naturales* de la persona humana contra la opresión estatal, proclamando la absoluta soberanía del individuo y la primacía de la libre voluntad individual frente a toda clase de valores. Traduciendo estos principios rectores en el orden económico es que el individuo, moviéndose libremente y dirigido por su interés personal, se basta a sí mismo para crear prosperidad económica. Para Hayek, la defensa del individualismo ha sido un elemento característico de la filosofía liberal:

> La mayoría de las ventajas de la vida social, especialmente en las formas más avanzadas que denominamos civilización, descansa en el hecho de que el individuo se beneficia de más conocimientos de los que posee. Cabría decir que la civilización comienza cuando en la persecución de sus fines el individuo puede sobrepasar los límites de su ignorancia aprovechándose de conocimientos que no poseía.[7]

El neoliberalismo sostiene, como punto de partida inconmovible para cualquier reflexión sobre el individuo o la sociedad, la idea de que la acción humana está fuertemente condicionada por la escasez de recursos. De donde se deriva la necesidad de elegir, de optar entre diversas alternativas contradictorias entre sí. En la actualidad, la defensa de la libertad individual contra la opresión estatal tiene los mismos componentes esenciales que tuvo en el siglo XVIII. Sobre todo, por la emergencia de manifestaciones políticas populistas, colectivistas y socialistas que sojuzgan la esfera de actuación del individuo constituyéndose en poderosas formas de restricción de la libertad individual. Los sistemas políticos totalitarios (colectivistas en sus diversas variantes), al oponer de manera irreconciliable los principios de la libertad y la igualdad, pretenden nivelar a los individuos independientemente de sus capacidades. De allí que postu-

---

[7] F. Hayek, *Los fundamentos de la libertad*, Madrid, Unión Editorial, 1991, p. 40.

len la noción de *igualdad de oportunidades* como una estructura ética, política y jurídica que permita a todos los hombres explotar al máximo sus potencialidades, reivindicando la responsabilidad individual como un muro de contención contra el totalitarismo (Estado benefactor-socialismo). En palabras de Hayek,

> la responsabilidad, no frente a un superior, sino frente a la conciencia propia, el reconocimiento de un deber no exigido por coacción, la necesidad de decidir cuáles, entre las cosas que uno valora, han de sacrificarse a otras y el aceptar las consecuencias de la decisión propia son la verdadera esencia de toda moral que merezca ese nombre.[8]

La doctrina neoliberal tiene como principio alocativo la organización de la vida política y económica de las sociedades alrededor de la libertad individual. Y que como tal, la libertad se constituye en un fin en sí misma que genera (se derivan de ella) la libertad política y la libertad en general. Para él,

> sólo cuando la libertad industrial abrió la vía al libre uso del nuevo conocimiento, sólo cuando todo pudo ser intentado si se encontraba alguien capaz de sostenerlo a su propio riesgo y, debe añadirse, no a través de las autoridades oficialmente encargadas del cultivo del saber, la ciencia hizo los progresos que en los últimos 150 años han cambiado la faz del mundo.[9]

El fin de la sociedad liberal es el bienestar para todos en un régimen individualista. El individualismo no es sólo un régimen civilizacional, sino además un principio teórico-metodológico. El único método científico válido en el campo de las ciencias es el que explica los fenómenos sociales a partir de la reconstrucción de las relaciones e interacciones que existen entre los individuos. Popper, a través de su crítica al historicismo, esboza el método que *deben* seguir las ciencias sociales para lograr la positividad de sus planteamientos. Para el autor,

---

[8] F. Hayek, *Camino de servidumbre*, cit., p. 254.
[9] *Ibid.*, pp. 43-44.

se halla ampliamente difundida la creencia de que toda actitud verdaderamente científica o filosófica, como así también toda comprensión más profunda de la vida social en general, debe basarse en la contemplación e interpretación de la historia humana. En tanto que el hombre corriente acepta sin consideraciones ulteriores su modo de vida y la importancia de su experiencia personal y pequeñas luchas cotidianas, se suele decir que el investigador o filósofo social debe examinar las cosas desde un plano más elevado. Así desde su ángulo, ve al individuo como un peón, como un instrumento casi insignificante dentro del tablero general del desarrollo humano. Y descubre entonces que los actores realmente importantes en el escenario de la historia son, o bien las grandes naciones y sus grandes líderes, o bien, quizá, las grandes clases o las grandes ideas.[10]

En materia de hechos sociales, las percepciones y las creencias de los distintos individuos, aun cuando posean una estructura común que hace posible la comunicación, pueden sin embargo ser diferentes y a menudo opuestas en muchos aspectos. De ello resulta que el único análisis científico plausible para explicar la causalidad de los hechos sociales consiste en reconstruir sistemática y rigurosamente las consecuencias de las acciones individuales. Si la totalidad social es definida, como lo hacen Hayek y Popper, como una suma de elementos y relaciones en un conjunto, no es posible una mirada comprensiva de los fenómenos sociales, estos se explican en función de las acciones individuales que se consideran causales. El individualismo metodológico desarrollado por los autores se caracteriza por la reducción de los fenómenos sociales a la intencionalidad de agentes libres y egoístas.

DERECHO, MERCADO Y DINERO

El derecho y la ética son los cimientos que sirven para la construcción de la sociedad individualista y libertaria. Existen, según los

---

[10] K. Popper, *La sociedad abierta y sus enemigos*, Barcelona, Ediciones Paidós, 1981, p. 23.

autores, una jerarquía de valores que permite edificar la democracia y el mercado en tanto principio ordenador de la sociedad sobre la legitimidad moral y la legalidad jurídica. El poder del Estado debe residir menos en la discrecionalidad del gobierno y más en los acuerdos constitucionales y en la igualdad de los hombres ante la ley. La justicia debe basarse en la absoluta imparcialidad de las normas, en el contrato, en las leyes y finalmente en la constitución. Hayek agrega: "las normas formales indican de antemano a la gente cuál será la conducta del Estado en cierta clase de situaciones, definidas en términos generales, sin referencia al tiempo, al lugar o a alguien en particular".[11] Tanto las libertades individuales, como las políticas y las económicas, dependen en cada caso del nivel de desarrollo que alcance el derecho como principio de legalidad. El poder legislativo y judicial tendría tanta relevancia como el ejecutivo en la construcción del Estado.

> El Estado tiene que limitarse a establecer reglas aplicables a tipos generales de situaciones y tiene que conceder libertad a los individuos en todo lo que dependa de la circunstancia de tiempo y lugar, porque sólo los individuos afectados en cada caso pueden conocer plenamente estas circunstancias y adaptar sus acciones a ellas [...]. Por lo demás, no hay Estado que no tenga que actuar, y toda acción del Estado interfiere con una cosa o con otra. Pero ésta no es la cuestión. Lo importante es si el individuo puede prever la acción del Estado y utilizar este conocimiento como un dato a establecer sus propios planes, lo que supone que el Estado no puede controlar el uso que se hace de sus instrumentos y que el individuo sabe con exactitud hasta dónde estará protegido contra la interferencia de los demás, o si el Estado está en situación de frustrar los esfuerzos individuales.[12]

El Estado no debe modificar el libre y natural comportamiento de las conductas individuales. Al justificar que dicte reglamentos cuyo objetivo es obligar a los agentes económicos a adoptar un tipo de comportamiento diferente de aquél al que conduciría el libre

---

[11] F. Hayek, *Camino de servidumbre*, cit., p. 106.
[12] *Ibid.*, pp. 107 y 113.

juego de sus motivaciones individuales, se conmueve el propio centro del mecanismo de información. Por tanto, el Estado debe intervenir lo menos posible en el mecanismo de mercado para no alterar el orden natural de éste. Los rasgos fundamentales del pensamiento clásico (liberal) pueden resumirse en los tres presupuestos siguientes:

1. Las fuerzas del mercado libre y competitivo son las que determinan la producción, el cambio y la distribución.
2. La economía se autorregula y tiende al pleno empleo sin la intervención de los poderes públicos. Por tanto, el primer principio de la escuela clásica fue el *laissez-faire*, y el mejor gobierno, el que interviene menos en la economía.
3. Con la importante excepción de David Ricardo, se presupone y enfatiza la existencia de una armonía de intereses. Aun cuando sean los más egoístas, cada individuo sirve, sin saberlo o sin quererlo, a los superiores intereses de la sociedad.

Para Friedrich von Hayek la sociedad no es una yuxtaposición de agentes autónomos dotados de comportamientos casi mecánicos y cuyas preferencias y finalidades estarían dadas de una vez y para siempre. Su simbólica apariencia es semejante a la de una arena en la que se reúne una multiplicidad de individuos, grupos y organizaciones dotados de proyectos autónomos, objetivos, preferencias y elecciones evolucionando permanentemente en el marco de un sistema cibernético de interacciones recíprocas. En este universo, las decisiones de cada agente económico no se basan en datos *a priori* con un carácter perfectamente objetivo, sino sobre representaciones personales del mundo que reflejan necesariamente el carácter limitado e incompleto de los conocimientos e informaciones que cada individuo tiene de su entorno; representaciones que, en la vida real, evolucionan en todo momento en función de las nuevas informaciones transmitidas mediante una red de intercambios que vincula al individuo con sus vecinos, sus clientes, sus proveedores.

Los costos, que constituyen la trama de información de los proyectos individuales, son datos con un carácter ampliamente subjetivo que se modifican en forma permanente, a medida que la aplicación de los proyectos iniciales hace surgir nuevas informaciones que, en la mayoría de los casos, nadie hubiese podido conocer desde fuera del desarrollo mismo del proceso de intercambio. De la misma manera, las necesidades jamás constituyen datos fijos y exógenos determinados *a priori*; la formación de la demanda de los consumidores (o de las empresas) es un proceso que no puede disociarse del conjunto de las relaciones de intercambio que forman la trama del funcionamiento de las relaciones económicas. Desde esta óptica, el mercado no es solamente un lugar anónimo e intemporal donde se intercambian bienes y servicios materiales y simbólicos, sino también un circuito por donde se difunden, se intercambian y se ajustan informaciones, expectativas y conocimientos parciales y dispersos. Un circuito que mediante mecanismos de retroacción y aprendizaje sucesivos lleva a los agentes a revisar sus proyectos para hacerlos compatibles entre sí. Es de esta manera como se ajustan progresivamente los planes del consumo y los planes de producción.

Por un lado, el mercado ejerce la función clásica de reparto de las carencias y de arbitraje en la distribución de la escasez, y por el otro, una función más global y fundamental que lo convierte en un mecanismo de descubrimiento, creación, movilización y difusión que aparece en su evolución y permite que la sociedad se beneficie con información, conocimientos o talentos de los que nunca hubiese podido disponer si, precisamente, la existencia de una red de intercambios libres y competitivos no hubiera contribuido a su surgimiento. El mercado nació y se desarrolló en tal medida que se convirtió en el fundamento esencial de las instituciones occidentales. Ello se debe a que en la sociedad la masa de información necesaria para la coordinación de numerosos proyectos y acciones individuales se encuentra dispersa en un sinnúmero de seres individuales y supera todo lo que podría integrarse en un cerebro. Los procedimientos de mercado permiten a la sociedad en su conjunto beneficiarse con una cantidad de informaciones, conocimientos y talentos en modo alguno comparables con aquello de lo que podríamos disponer en el marco de cualquier otro sistema de organización, y por ello son entendidos como superiores.

Estas características, según Hayek, permiten lograr coordinación, coherencia y eficacia en las decisiones, acciones y elecciones individuales. Lo que a su vez explica la darwiniana selección natural que presenta, y su surgimiento como institución dominante del mundo pleno. Los primeros grupos que la adoptaron tendían a exportar sus instituciones, ya sea por proceso de dominación, ya por un mecanismo de imitación (por ser los más eficaces), o aun simplemente por el hecho mismo del crecimiento de su peso demográfico unido a las propiedades dinámicas de este sistema.

Las bases de la economía de mercado no tienen relación alguna con los modelos económicos desarrollados posteriormente por los especialistas. El mecanismo del mercado libre es el que, conforme a la experiencia, demostró ser más eficaz para resolver los problemas de movilización, comunicación y acumulación del conocimiento. En este sentido, Hayek añade, que el mercado es esencialmente un mecanismo de coordinación de los intereses individuales que, por vía del mecanismo de los precios, lleva a un resultado que beneficia a todos aun cuando esto no haya estado en la intención de ninguno. El mercado es un mecanismo que se caracteriza no sólo por conducir hacia una gran acumulación siempre creciente de bienes materiales, sino también por impulsar hacia una producción y acumulación de conocimientos superiores a todo lo que podría lograrse en el marco de otras instituciones sociales. En correspondencia con el natural funcionamiento de la economía de mercado, es necesario enfrentar los complejos problemas que derivan del dinero cuando éste funciona masivamente como reserva del valor. Para Hayek,

> lo ocurrido en los últimos cincuenta años ha enseñado a la mayoría cuán importante es un sistema monetario estable. Este periodo, si se le compara con la anterior centuria, ha sido una de las épocas que mayores perturbaciones monetarias han registrado. Los gobernantes desempeñan hoy un papel mucho más activo en el control de la moneda, y a tal injerencia, en gran parte se debe la actual inestabilidad monetaria.[13]

---

[13] F. Hayek, *Los fundamentos de la libertad*, cit., p. 397.

Cuando ello ocurre introduce una disociación permanente entre la esfera monetaria y la economía real. Sobre todo, cuando la banca privada desarrolla la capacidad para crear dinero secundario o fiduciario. Hayek crítica la emisión del dinero inorgánico por parte de la banca central. El verdadero problema radica en las crecientes demandas que la sociedad civil le hace al Estado obligándolo a *crear* dinero para satisfacerlas creando una distorsión en el mercado y produciendo inflación. La retención de dinero como reserva de valor conlleva a la (keynesiana) deficiencia de la demanda efectiva y a los complejos mecanismos de creación de dinero secundario y expansión de liquidez a los que termina induciendo la emisión del dinero. Frente al dinero, los autores neoliberales manejan básicamente dos posibles soluciones: una es la eliminación de los bancos centrales y restringir el poder del Estado para crear dinero privatizando la esfera monetaria; y la otra consiste en mantener la emisión de dinero en manos del Estado, pero con un riguroso control de tal facultad mediante la inclusión en la propia constitución del margen en que puede expandirse la oferta monetaria.

El neoliberalismo parte de una concepción monetarista de la inflación. Éste es un fenómeno, según dicen, monetario, al haber mayor circulante en manos del público, la cantidad de dinero sobrepasa la producción, y por lo tanto, se genera la especulación y el aumento de precios. Las perspectivas antiinflacionarias del monetarismo neoliberal se convirtió en el mantra técnico del Consenso de Washington en la etapa de los programas de ajuste estructural. La economía de mercado debe, según éstos, cumplir dos requisitos esenciales para funcionar bien: la mayor igualdad de oportunidades posibles y la mayor capacidad de adaptación posible del hombre y bienes a las variadas circunstancias que impone la competencia. El Estado debe asegurar mediante leyes apropiadas, el mejor funcionamiento de la economía de mercado estableciendo la competencia más perfecta posible y así adaptar el orden social a las nuevas condiciones de la economía.

La concepción del individuo

Camino de servidumbre, escrito por Hayek contra la profunda influencia político-cultural de la obra de John Maynard Keynes en el contexto de la segunda Posguerra, tiene como objetivo medular una confrontación político-espiritual en el campo de la geopolítica global. Como política de reacción, se propone defender la ortodoxia liberal sentando las bases para un retorno de la era del capitalismo liberal. En esta confrontación existencial se contrapone a las ideas de Keynes, William Beverigde, Harold Laski y John Dewey en el mundo de la Europa Occidental y los Estados Unidos, conjuntamente con las ideas socialistas en la Unión Soviética y su diseminación por el sistema-mundo. Por tanto, como política de reacción condensa las preocupaciones existenciales de la Sociedad Mont Pelerin. Para Friedrich von Hayek la civilización occidental se encuentra seriamente amenazada en pleno siglo xx por diversos sistemas de organización de tipo colectivista que utilizan la planificación como método para organizar e influir en la sociedad moderna.

> Las diversas clases de colectivismos: comunismos, fascismos, etc., difieren entre sí por la naturaleza del objetivo hacia el cual desean dirigir los esfuerzos de la sociedad. Pero todas ellas difieren del liberalismo y el individualismo en que aspiran organizar la sociedad entera y todos sus recursos para esta finalidad unitaria, y porque se niegan a reconocer las esferas autónomas dentro de las cuales son supremos los fines del individuo.[14]

Las diversas clases de colectivismo amenazan la civilización occidental y el carácter individualista de la misma.

> Ha sido el paso decisivo en la ruina de aquella civilización que el hombre moderno vino construyendo desde la época del Renacimiento, y que era, sobre todo una civilización individualista. Individualismo es hoy una palabra mal vista, y ha llegado a asociarse con egotismo y

---

[14] F. Hayek, *Camino de servidumbre*, cit., p. 87.

egoísmo. Pero el individualismo del que hablamos, contrariamente al socialismo y las demás formas de colectivismo, no está en conexión necesaria con ellos [...]. Ahora bien, los rasgos esenciales de aquel individualismo que, con elementos aportados por el cristianismo y la filosofía de la Antigüedad clásica, se logró plenamente por vez primera en el Renacimiento y ha crecido y se ha extendido después en lo que conocemos como civilización occidental europea, son: el respeto por el hombre individual *qua* hombre, es decir, el reconocimiento de sus propias opiniones y gustos como supremos en su propia esfera, por mucho que se estreche ésta, y la creencia en que es deseable que los hombres puedan desarrollar sus propias dotes e inclinaciones individuales.[15]

A la identidad entre evolución de la civilización occidental y la concepción del individuo desarrollada por Hayek le subyace una lucha entre dos principios irreconciliables: el mercado y la organización central o planificación de la economía. Por ello, "la última batalla en contra del poder arbitrario está ante nosotros. Es la lucha contra el socialismo; la lucha para abolir todo poder coercitivo que trate de dirigir los esfuerzos individuales y distribuir deliberadamente sus resultados".[16] Socialismo es, según Hayek, toda aquella ilusión de que podemos crear deliberadamente el futuro de la humanidad. Recordemos que, para él, todo tipo de intervención en la economía representa una distorsión del mercado y sus agentes ordenadores, y por consiguiente, una amenaza al mercado. Y dado que no es posible ordenar a la sociedad como un todo, lo que se puede crear con los intentos ordenadores es caos y destrucción. Además, con la sociedad capitalista ya se ha alcanzado el cénit de todo desarrollo civilizatorio posible. Cada paso más allá de esta sociedad sólo puede guiar al abismo. El intento de transformar la sociedad constituye un peligroso utopismo, puesto que el caos y la destrucción serían los efectos del intento de superación del mecanismo del mercado.

---

[15] F. Hayek, *Camino de servidumbre*, cit., p. 41.
[16] Citado en F. Hinkelammert, *El nihilismo al desnudo. Los tiempos de la globalización*, cit., p. 35.

Puede resultar aconsejable —e incluso indispensable— confiar en las fuerzas ordenadoras espontáneas, aunque el orden hacia el que el sistema tienda sólo de modo imperfecto pueda plasmarse. El orden de mercado, especial, normalmente, sólo con determinado grado de probabilidad asegurará la estructuración de las relaciones esperadas. Se trata, sin embargo, del único modelo capaz de integrar eficazmente, en un orden único, un elevado número de actividades basadas en la disponibilidad de una serie de personales conocimientos dispersos [...]. Cuando intentamos controlar este proceso no hacemos sino poner barreras a su desarrollo y, más temprano o más tarde, provocar una parálisis del pensamiento y una decadencia de la razón.[17]

Para Hayek la sociedad debe su coherencia no tanto a algún misterio divino ni a la sabiduría de sus legisladores, sino a la presencia de estructuras de relaciones globales duraderas que, si bien no fueron concebidas por nadie, son beneficiosas para todos aunque ninguno se lo haya propuesto nunca. Un orden global coherente puede ser el producto accidental de una serie de acciones individuales. A esta precariedad de la realidad y el carácter insuperable de la sociedad capitalista le subyace una escatología negativa de la historia.[18] Pero, también, la defensa de la civilización occidental y del individualismo moderno contiene una dimensión cognitivo-metodológico.

---

[17] F. Hayek, *Camino de servidumbre*, cit., p. 204.

[18] En el pensamiento de Hayek podemos reconocer una tensión entre dos concepciones de la historia. Por un lado, una constructiva, relativista y abierta, crítica a su vez de las versiones finalistas de la historia. Este momento va desde sus primeros escritos hasta mediados los años sesenta, aproximadamente. Y por otro, una concepción escatológica negativa de la historia que abarca el periodo posterior a los años sesenta hasta nuestros días. Esta tensión o desplazamiento intelectual de una concepción a otra puede explicarse por el hecho de que, en sus primeros años, el neoliberalismo ocupaba una posición marginal en el pensamiento y en la vida social y política. En la medida en que el neoliberalismo fue ocupando lugares privilegiados y progresivamente se fue convirtiendo en el pensamiento dominante de la vida social y política de los últimos años, las certezas en los escritos de Hayek fueron aumentando hasta tal punto de irse desplazando de una concepción abierta y constructiva de la historia hacia una concepción más bien finalista de ésta.

En tanto "no existe más camino hacia la comprensión de los fenómenos sociales que el que transcurre por nuestra comprensión de las acciones individuales".[19] Justifica la cientificidad del individualismo metodológico por el carácter necesariamente subjetivo de toda percepción humana en materia de hechos sociales. "Nuestros datos deben ser el individuo y el mundo físico tal como se manifiestan a los individuos cuyas acciones trataremos de explicar; ya que es únicamente lo que saben o creen las personas es motivo de su acción consciente". Para él, el saber concreto que guía la acción de un grupo de individuos no existe nunca como un conjunto coherente y lógico, sino sólo en la forma dispersa incompleta e incoherente, bajo la cual se manifiesta a muchos individuos. En consecuencia, la realidad social es el resultado de la práctica individual, intencional, libremente ejercida y guiadas por sus conductas previstas.

El funcionamiento de las instituciones sociales debe entenderse producto de decisiones, actos, actitudes individuales, nunca debemos aceptar una explicación en términos llamados colectivos. Según este principio, los componentes esenciales del mundo son personas individuales que actúan, con mayor o menor propiedad, según sus inclinaciones y comprensiones de su situación. Toda compleja situación social, institución o acontecimiento es producto de determinada configuración de individuos, sus disposiciones, situaciones, creencias, recursos y ambiente físicos. Puede haber explicaciones inacabadas o semielaboradas de los fenómenos sociales a gran escala (por ejemplo la inflación), en términos de otros fenómenos a gran escala (como el pleno empleo); pero nunca logramos explicaciones a fondo para ese tipo de fenómenos en tanto no deduzcamos una explicación extraída de las declaraciones sobre disposiciones, creencias, recursos e interrelaciones de los individuos. Los individuos pueden seguir siendo anónimos, y en tal caso, le atribuiremos únicamente inclinaciones típicas.

El mundo —mercado— en el cual los individuos van a ejercer sus acciones no es un mero resultado de estas relaciones y capacidades, sino que les preexiste y los constituye como tales. En el mundo social prefigurado por Hayek, sólo son reales los individuos. La

---

[19] F. Hayek, *Derecho, legislación y libertad*, Madrid, Unión Editorial, 1985, p. 65.

concepción abstracta del individuo excluye la apreciación de las formas en que cada época histórica modifica la naturaleza humana. En especial, lo que se ha dado en llamar el apercibimiento sociológico, el apercibimiento de la naturaleza social del hombre, que ya no ve al hombre como una encarnación con la humanidad abstracta, sino como un punto de emergencia. De acuerdo con la propuesta epistemológica de Hayek las leyes de los fenómenos sociales no son ni pueden ser otras cosas que los actos y pasiones de los seres humanos, es decir, leyes de la naturaleza humana individual. Según él,

> hablar de una sociedad susceptible de ser conocida en todos sus pormenores por parte del observador o de alguno de sus miembros supone referirse a algo que nunca en el mundo ha existido; un ente social en el que la mayor parte de las realidades que caracterizan a nuestro entorno real no podrían darse ni se darían [...]. Ninguna ciencia o técnica permitirán jamás modificar el hecho de que ninguna mente humana ni, por lo tanto, ninguna actividad deliberadamente dirigida será capaz de tomar en consideración la multitud de hechos particulares que, si bien son conocidos por algunos miembros de la colectividad, en su totalidad nunca se encuentran al alcance de nadie en particular.[20]

Los fenómenos sociales deben ser siempre considerados resultados de las decisiones, acciones y actitudes de los individuos y nunca debemos conformarnos con explicaciones elaboradas en función de los colectivos (la nación, la clase, el sistema económico, el capitalismo). Estos conglomerados no se pueden tratar como realidades objetivas semejantes a los datos de los que parten las ciencias naturales, en la medida en que no podemos observarlos independientes a la idea que de ellos tienen los individuos. Sin embargo, si los fenómenos sociales son gobernados por leyes y si éstas son necesarias en el sentido de que resistirlas equivale a desequilibrar el proceso social, entonces el descubrimiento de tales leyes implica normas prescriptivas a las cuales los hombres han de adaptarse. Sólo hay individuos; la humanidad, las clases y la nación son abstracciones, puesto que las totalidades son conceptos impensables.

---

[20] *Ibid.*, p. 43.

Para Hayek es imposible cualquier acción que implique un conocimiento ilimitado, y las totalidades sociales lo tienen como supuesto. La aplicación de este criterio de imposibilidad del conocimiento ilimitado en ciencias sociales es el argumento central de Hayek para rechazar la planificación económica, pues ésta lo tiene por supuesto y fundamento. Posteriormente, en el plano de la epistemología, Karl Popper desarrollará la idea de escepticismo absoluto para fundamentar esta idea de conocimiento ilimitado. Esta concepción del individuo surge como una teorización contrapuesta a cualquier intento de explicación que le dé prioridad a lo social sobre lo individual. Es decir, coloca al hombre antes de la sociedad ontológica e históricamente, al individuo antes del grupo haciendo éste un reflejo de aquél y visualiza sus acciones como autorreferenciales que importan en sí mismas. La sociedad resulta entoncesuna suma vectorial de acciones, intereses e impulsos de los individuos que la componen. Desde sus premisas ontológicas hasta su construcción epistemológica, los autores neoliberales conciben a la sociedad de mercado como un orden natural irreformable.

La convivencia humana estaría regida por leyes propias independientes de la voluntad del sujeto. Hayek parte de la noción de un orden natural espontáneo, suponiendo así un orden autorregulado en donde el funcionamiento no depende de decisiones soberanas, controles administrativos o deliberaciones colectivas. La visión de la sociedad como un orden natural remite a una determinada concepción de la realidad. Se toma la realidad como una materialidad preexistente a su formación social, es decir, se identifica real y natural, de modo que la realidad social estaría estructurada por leyes de causalidad inteligibles de manera análoga a las ciencias naturales. En esta dirección:

> Dado que todo orden espontáneo es resultado de la adaptación de sus diversos elementos a circunstancias que sólo algunos de ellos afectan de manera directa y que en su totalidad nadie conoce, es evidente que dicho tipo de orden podrá alcanzar grados de complejidad inaprensibles a la mente humana [...]. Y cuando, cual sucede en el caso de las colectividades humanas, resulten alterar por lo menos algunas de las adaptadas normas de comportamiento, lo más que con ello cabrá con-

seguir será influir sobre el carácter general del orden y nunca en sus particulares. Todo esto significa que, aunque la utilización de las fuerzas ordenadoras espontáneas permita estructurar órdenes de complejidad tal (es decir, integrados por tan numerosos diversos y diferentemente condicionados elementos) que nunca será posible dominarlos todos mentalmente ni organizarlos de manera deliberada, el control que sobre los detalles de tales órdenes podemos ejercer será siempre inferior al que cabría imponer sobre otro que fuese obra deliberada nuestra.[21]

La sociedad, según Hayek, serían órdenes autogenerados formados por normas consuetudinarias producto de la darwiniana selección evolutiva. Estos órdenes no se derivan del diseño humano, sino de la espontánea acción colectiva. Los cambios sociales se refieren exclusivamente a los principios objetivos, naturalizados y espontáneos de las leyes del mercado. Conociendo estas regularidades nomológicas, la positividad de la realidad social sería calculable y controlable. El orden natural no sería una fuerza ciega que se impone a espalda de los hombres, sino el único orden posible. La univocidad de la realidad permitiría un único tipo de conocimiento objetivo. Las teorías no serían un intento por estructurar la realidad, serían más bien el descubrimiento de relaciones sociales individuales preexistentes. En todo caso, la concepción del individuo tiene un carácter metodológico y normativo.

El individualista concluye que debe dejarse a cada individuo, dentro de límites definidos, seguir sus propios valores y preferencias antes que los de otro cualquiera, que el sistema de fines del individuo debe ser supremo dentro de estas esferas y no estar sujeto al dictado de los demás. El reconocimiento del individuo como juez supremo de sus fines, la creencia en que, en lo posible, sus propios fines deben gobernar sus acciones es lo que constituye la esencia de la posición individualista.[22]

---

[21] *Ibid.*, pp. 84-85.
[22] F. Hayek, *Camino de servidumbre*, cit., p. 90.

Si seguimos a Hayek, nadie conoce mejor las preferencias de un individuo que el individuo mismo, y el mercado (a diferencia de la planificación) permite que el individuo satisfaga sus preferencias sin necesidad de que otros las conozcan para servirlas. Este individualismo concibe al hombre como un ser que persigue primordialmente sus propios intereses. El núcleo de la interpretación neoliberal afirma la idea de un hombre libre, racional e individualista. Crawfort Brough Macpherson ha sostenido que este individualismo no consiste en sostener que los hombres son libres e iguales por naturaleza y que sólo pueden quedar sometidos justamente a la autoridad de otros por su propio consentimiento. Consiste en lo fundamental en convertir al individuo en el propietario natural de su propia persona y de sus capacidades sin que deba a la sociedad nada por ellas. El individuo no se ve como parte de un todo social más amplio sino como el propietario de sí mismo. Macpherson asegura que el individualismo original del siglo XVII contenía la dificultad fundamental que reside en su cualidad poseedora y su cualidad poseedora se halla en la concepción del individuo. Es obvia la cercanía de estos planteamientos al individualismo posesivo desarrollado por Locke, Hobbes, Harrington y otros pensadores de los siglos XVII y XVIII. Cada hombre es esencialmente el propietario de su propia persona y de sus bienes.

La propiedad abarca todo cuanto un hombre pueda poseer, tanto sus bienes como su personalidad. Sin embargo, esta individualidad sólo puede ser realizada por unos pocos individuos. Ya que no todos los individuos tienen propiedades (los que no las tienen pueden alienar su propia persona mediante el trabajo), una individualidad que sólo puede realizarse a plenitud acumulando bienes unicamente puede ser realizada por unos pocos, únicamente a costa de la individualidad de los demás, es necesariamente un *totalitarismo individualista*. Para Hayek, la propiedad privada es inmanente al individuo, y por consiguiente, al orden natural del mercado y cualquier alteración de este orden implicaría destruir las bases fundacionales de la civilización occidental. En el fondo de la idea de un mercado neutralizado de influencias exteriores late el convencimiento de que el reparto de las gratificaciones debe ser isomorfo respecto del modelo de los diferenciales de rendimiento de todos los individuos. La preocupación por la libertad en Hayek se reduce al reconocimiento y protección de la propiedad privada como solución para prevenir la coacción.

> La idea de que individualismo y colectivismo son los extremos opuestos de una escala a lo largo de la cual pueden ordenarse los estados y las teorías, independientemente del estadio de desarrollo social en que aparecen, es equívoca y superficial [...]. No se trata de que cuanto más individualismo, hay menos colectivismo; se trata, más bien, de cuanto más completo es el individualismo, más completo es el colectivismo.[23]

Hayek, en su defensa de la propiedad, aduce:

> Nuestra generación ha olvidado que el sistema de la propiedad privada es la más importante garantía de libertad, no sólo para quienes poseen propiedad, sino también, y apenas en menor grado, para quienes no la tienen. No hay quien tenga poder completo sobre nosotros, y, como individuos, podemos decidir, en lo que hace a nosotros mismos, gracias tan sólo a que el dominio de los medios de producción está dividido entre muchas personas que actúan independientemente.[24]

De tal forma, los individuos que poseen los medios para realizar sus personalidades (propietarios) no necesitan reservarse derecho alguno frente a la sociedad, pues la sociedad ha sido construida por y para ellos, y es gobernada por ellos consecuentemente. La sociedad burguesa se entiende a sí misma como un grupo instrumental que acumula riqueza social exclusivamente a través de la riqueza privada, esto es: que asegura el crecimiento económico y el bienestar general mediante la concurrencia de particulares actuando de acuerdo con moldes estratégicos. En circunstancias como éstas los objetivos colectivos sólo pueden realizarse a través de las orientaciones de individuos que persiguen su propio beneficio.

---

[23] C. B. Macpherson, *La teoría política del individualismo posesivo*, Barcelona, Fontanella, 1979, p. 219.

[24] F. Hayek, *Camino de servidumbre*, cit., p. 139.

Esta idea de naturaleza humana posesiva, portadora de rasgos fijos e invariables (competitividad, egoísmo e individualidad), determina la conducta, los intereses y los deseos del individuo en su versión neoliberal. Macpherson, en contraposición a la analítica neoliberal, sostiene que la propiedad privada de los medios de producción es la expresión de una relación de poder. Representa no sólo el control sobre las cosas materiales sino también una forma de poder sobre otras personas. Incluye el poder de decidir quién disfrutará de acceso a los medios de producción, a sus medios de subsistencia; el poder de decidir prioritariamente la conducta de alguien durante el periodo de tiempo contractual y durante su periodo de ocio… En definitiva, el poder para apropiarse de sus capacidades para influir en el curso general de su existencia individual.

Decir que la propiedad privada es el bastión fundamental de la libertad es una verdad a medias, ya que la relación con los medios de producción es también una relación coercitiva. Mientras que el propietario, sin duda, verá en ella una expresión del ejercicio de su libertad, a los trabajadores les parecerá una privación de ésta. Pero la propiedad privada no sólo simboliza una relación de poder, sino también una relación política. Si una persona tiene derecho a la propiedad de los medios de producción es porque la ley se lo ha otorgado. Pero, también, es desconocer la historicidad del funcionamiento de la acumulación por desposesión. Por lo tanto, la institución de la propiedad privada dependerá en última instancia de las instituciones políticas. No se trata de una relación directa entre dos personas individuales; está políticamente mediada y tiene lugar dentro de un marco creado y mantenido por la organización política en su historicidad. Justificar un orden social supone encontrarle un fundamento moral.

Toda teoría política es producto de su época y tiene una naturaleza temporal, debido a que su contenido explicativo y normativo está destinado a aplicársele a su sociedad; además de estar basada en capacidades y necesidades que han sido o están en vías de ser desarrolladas por hombres específicos. El teórico político no existe en un vacío histórico, es miembro de una sociedad en una etapa concreta y está moldeado por ella. En cierto modo, debemos historizarlo todo en tanto estrategia teórico-crítica de deconstrucción de las falsas tonalidades de la civilización occidental. Sobre todo, para visibilizar mediante una transgresión intersticial los retazos, restos y desechos de las historias enterradas que sobreviven en la no-sincronicidad del presente. En fin, vincular las grietas del universalismo en cuanto epistemología del logos moderno con la realización histórica de la modernidad occidental en cuanto historia cruenta, conflictiva y violenta. Hayek en otro pasaje de su obra *Camino de servidumbre* resalta lo siguiente:

> Esta posición no excluye, por lo demás, el reconocimiento de unos fines sociales, o mejor, de una coincidencia de fines individuales que aconseja a los hombres concertarse para su consecución. Pero limita esta acción común a los casos en que coinciden las opiniones individuales. Lo que se llaman fines sociales son para ella simplemente fines idénticos de muchos individuos o fines a cuyo logro los individuos están dispuestos a contribuir, en pago de la asistencia que reciben para la satisfacción de sus propios deseos.[25]

Se presenta al hombre como un sujeto aislado de preferencias, egoísta, que se mueve de acuerdo con los valores de una moral basada en cálculos y beneficios en su sólo interés privado. El individuo es concebido como un principio ontológico-metodológico que muestra a la realidad compuesta de elementos, individuos o acontecimientos que coinciden consigo mismo y se relacionan externamente sin llegar a formar totalidades que tengan características propias diferentes de las de sus componentes. La sociedad, por su parte, es sólo el campo de las relaciones comerciales entre los individuos. Le subyace al planteamiento de Hayek un individualismo atomista: la realidad social es la suma de individuos aislados el uno del otro. La relación entre ellos se constituye a través de elementos externos a su naturaleza. La suma no es más que ella ni diferente a ella, es un simple agregado de los elementos que la conforman.

La sociedad no puede ser generadora de solidaridad y de otros sentimientos societales compartidos, pues éstos se visualizan como

---

[25] *Ibid.*, cit., p. 90.

resultado de un contrato entre los individuos. Cada hombre es un ser monádico y egoísta que se relaciona con la realidad sobre la base irrestricta de la propiedad de sí mismo y de sus bienes, así como de la óptima satisfacción de sus intereses. Esto lo hace como hombre económico, apropiador o consumidor. Los neoliberales —asegura Hinkelammert— sustituyen el sujeto necesitado por un sujeto con preferencias arbitrarias para cambiar la definición de la economía. Para poder calcular los precios relativos, que son una condición indispensable para la teoría general del equilibrio, es necesario el supuesto de que éstos son completamente variables.

Sin embargo, este supuesto de variabilidad de los salarios supone, a la vez que el hombre no tiene necesidades, sino únicamente gustos o preferencias. En este enfoque, el hombre no requiere satisfacer sus necesidades de alimentación y vestimenta [...] sino que únicamente tiene gustos o preferencias que le permiten preferir la carne al pescado, el algodón a la fibra sintética. El problema económico se reduce por tanto al análisis de los precios relativos y de las preferencias. No importa cuál sea el nivel de ingresos de una persona, sino únicamente su manera preferencial de utilizar el ingreso según sus gustos o preferencias.[26]

Los neoliberales convierten la fuerza de trabajo en una mercancía, y como ésta, debe estar sometida de modo ilimitado, al igual que en el mercado de productos, a las leyes de la oferta y la demanda. Si así es, su precio pudiese ser cero, sin embargo, ésta es una condición económica imposible: la ciencia económica no puede negar las necesidades de la reproducción humana. Éste ya no es el lugar donde el hombre trabaja para satisfacer sus necesidades sino que es ahora un proceso de elecciones y cálculos que se efectúan para lograr sus preferencias. Las preferencias sustituyen las necesidades. Esto implica un cambio radical en el concepto de la racionalidad económica. En cuanto a la vida humana, esta racionalidad no se ocupa de ella. En la economía política clásica el sujeto es anterior a

---

[26] F. Hinkelammert, *Crítica a la razón utópica*, San José, Departamento Ecuménico de Investigaciones, 1984, p. 68.

las relaciones mercantiles y por tanto tiene necesidades. La disolución del concepto de las necesidades, y por consiguiente, la exclusiva preocupación por los precios relativos llevó a la conceptualización de un sujeto que sólo puede reclamar en nombre de la racionalidad económica la orientación según sus preferencias, jamás según sus necesidades.

El neoliberalismo borra este concepto del hombre y lo sustituye por un sujeto creado por las propias relaciones mercantiles. Si el hombre no puede demandar el mínimo necesario para vivir, cae fuera del ámbito de la teoría económica. La sustitución semántica que realiza el neoliberalismo con respecto al hombre y su naturaleza tiene un objetivo primordial dentro de su teoría. Esta visión del hombre como un ser sin necesidades pero con preferencias es la condición formal e imprescindible para que el sistema de ecuaciones de la teoría del equilibrio tenga una solución.[27] En este sentido, es necesaria la movilidad de los factores capital y trabajo como lo señala Hinkelammert para una solución al sistema de ecuaciones de la teoría del equilibrio: "La variabilidad de los salarios no es un supuesto marginal de esta teoría. Sino que es formalmente necesario para que sea posible calcular los precios de los factores. Lo mismo vale para todos los demás precios. Para que sea calculable el equilibrio todos tienen que ser ilimitadamente variables, excluyendo soluciones negativas".[28]

Las consecuencias prácticas de la variabilidad de los salarios han acentuado la tendencia a la flexibilización del mercado laboral, configurando en la estructura social una polarización entre dos sectores del mercado de trabajo: "Un sector general protegido y bien pagado y un sector periférico de trabajadores no calificados y semicalificados, para los que no existe ningún tipo de seguridad. Si a esto se

---

[27] "La fundamentación histórico-filosófica que ofrece el pensamiento neo-conservador (transitoria) y restricción (definitiva) de la democracia es muy atractiva para el capital en países de débil economía nacional como Chile. Vigoriza su inserción transnacional al liberar la *movilidad de los factores* de trabajo y capital de las trabas políticas" (N. Lechner, *La conflictiva y nunca acabada búsqueda del orden deseado*, Buenos Aires, Siglo xxi, 1986, p. 68).

[28] F. Hinkelammert, *Crítica a la razón utópica*, cit., p. 68.

añade un sector, de los desocupados estructurales, cuyo número aumenta constantemente".[29] En vista de esta postura, no es sorprendente que los individuos sean desiguales por naturaleza. El nuevo elitismo se legitima apelando a la desigualdad natural entre los individuos bajo igualdad de condiciones. La ideología de la igualdad de oportunidades sociales permite hacer uso del saber superior un bien escaso y, por consiguiente, un recurso del poder.

El lema querer es poder que interpelaba la voluntad colectiva es reemplazado por otro: el saber genera poder. Los neoliberales parten de la base de una desigualdad humana fundamental. Los derechos del hombre incluso en el límite del derecho a la vida, dependen de la forma en que éste se relaciona con el mercado. El hombre no tiene un valor por sí mismo su valor depende por entero del mercado. El reconocimiento de derechos iguales a los hombres llevaría a la necesidad de satisfacerlos. La innata desigualdad —legitimada con la apelación del derecho natural— significa un estímulo para la dinámica de la economía, ya que cada uno quiere optimizar la satisfacción de sus intereses y ser propietario. Lo único que hay que procurar es que existan condiciones formales de igualdad en el mercado justamente para que se sientan llevados los hombres a probar en él su suerte.

El individuo se piensa que es libre en la medida que es propietario de su propia persona y de sus capacidades. La esencia humana es la independencia de las voluntades ajenas y la libertad es función de la posesión. La sociedad se convierte en un hiato de individuos libres iguales relacionados entre sí como propietarios de sus propias capacidades y de lo que han adquirido mediante el ejercicio de éstas. Esta concepción del hombre como apropiador y consumidor, como un maximizador que procura aumentar sus beneficios disminuyendo sus costos, es una construcción del individuo a imagen y semejanza del hombre mercantil del siglo xvii. Macpherson ha sostenido que el individualismo posesivo en los términos asumidos y planteados por Hobbes, Harrington y Locke, se adecuaba a la sociedad posesiva de mercado en el siglo xvii.

---

[29] E. Laclau y C. Mouffe, *Hegemonía y estrategia socialista: hacia una radicalización de la democracia*, Madrid, Siglo xxi, 1987, p. 97.

Por sociedad posesiva de mercado entiendo una sociedad en la que, a diferencia de la basada en la costumbre y en la posición social, no existe una asignación autoritaria de trabajo o de compensaciones, y en la que, a diferencia de una sociedad de productores independientes que solamente intercambian sus productos en el mercado, hay un mercado de trabajo además de un mercado de productos. Si se desea un criterio único para la sociedad posesiva de mercado, es que el trabajo del hombre es una mercancía, esto es, que la energía y la pericia de un hombre son propiedad suya; que no se consideran como partes integrantes de su personalidad, sino como posesiones cuyo uso y disposición es libre en el hombre de ceder a otros a cambio de un precio.[30]

El sistema plenamente mercantil se refiere a la época en que el hombre deviene libre de alienar sus capacidades por un precio. Éste es un tipo peculiar de sociedad, así como un periodo específico de la historia. La naturaleza humana se define por su egoísmo en donde la meta de todo acto voluntario del hombre es siempre algún bien para sí mismo. Esta visión del individuo como portador de rasgos fijos e invariables que determinan su conducta y sus intereses, reduce la inmensa diversidad de la experiencia histórica cultural al individualismo posesivo. Esta ontología de lo social resulta inadecuada para la comprensión de la sociedad. Una crítica al solipsismo individualista es posible a través del modelo privado de seguir una regla dada, analizada en términos del que sigue la regla sin hacer referencia a su pertenencia a una comunidad más amplia. Albrecht Wellmer sostiene, siguiendo a Saul Kripke,[31] que, en nuestro uso lingüístico de la tercera persona de palabras como *entendimiento* y *significado*, no nos referimos a individuos aislados, sino a miembros actuales o posibles de nuestra comunidad lingüística, como si los introdujésemos a nuestra comunidad; así, a esta postura, por implicación y por

---

[30] C. B. Macpherson, *La teoría política del individualismo posesivo*, cit., p. 51.

[31] Wellmer utiliza el argumento de Kripke para referirse a un hablante solitario; no obstante, el uso que hago de su argumento es claramente distinto. [A. Wellmer, "Intersubjetividad y razón", en L. Olivé (comp.), *Racionalidad. Ensayos sobre la racionalidad en ética y política, ciencia y tecnología*, México, Siglo xxi, 1988, p. 230].

un sentido que no ha sido aclarado, podríamos llamarla punto de vista comunitario del lenguaje.

Nuestra distinción entre correcto e incorrecto con respecto a seguir una regla está ligada a nuestro entendimiento de esa regla, de manera que juzgamos que es correcto aquello que no corresponde a la regla tal como nosotros la entendemos. Esto es, en nuestros juicios acerca de seguir una regla usamos nuestro entendimiento de la misma como un parámetro para distinguir entre correcto e incorrecto. Fundamentalmente, no usamos la expresión correcta e incorrecta desde el punto de vista de un observador, salva para aprobar o corregir lo que otro dice o hace. En el modelo individualista y ahistórico de Hayek, dicha distinción no puede existir, ya que su entendimiento de sus propias reglas, al igual que para nosotros, es la medida de lo que es correcto e incorrecto. Pero entonces, en contraste con nosotros, siempre que él siga sus reglas ciegamente, necesariamente deberá estar bien.

En definitiva, la práctica de corregir o aprobar no tiene lugar en su vida, ya que no puede tener la experiencia de estar en desacuerdo con alguien más. Pero entonces parece que no podría tener la distinción entre correcto e incorrecto con respecto a su propia manera de seguir la regla, y consecuentemente, tampoco podría tener el concepto mismo de regla. El concepto de una regla, como lo he usado aquí siguiendo a Wellmer, es inmanente a los conceptos de significado, entendimiento, verdad y lenguaje. Si no se tiene el concepto de regla, ni siquiera podría creer que esté siguiendo reglas. De manera similar, no podría explicarse a sí mismo ni a los otros el significado de sus palabras, enseñárnoslas. No podría relacionarse a sí mismo en tanto que hablante, y por lo tanto, no podría tener el concepto de otros posibles hablantes que pudieran aprender su lenguaje. En su lenguaje no hay lugar para un sistema de pronombres personales, no hay lugar para un concepto de comunicación, argumentación y por tanto, finalmente, no hay lugar para todas las expresiones cuyo papel sólo puede explicarse con referencia a la distinción entre sus usos en primera y tercera persona.

Además, como lo ha mostrado Theodor Adorno, el individuo se considera libre en tanto se ha opuesto a la sociedad y puede algo, si bien en proporción mucho menor de lo que cree, contra otros individuos. Su libertad es primariamente la de un particular con fines propios que no se identifican inmediatamente con los de la sociedad; y en este sentido coincide con el principio de individuación. Este tipo de libertad se ha liberado de la sociedad instintiva para alcanzar realidad propia dentro de una sociedad cada vez más racional. Pero en la sociedad burguesa siguió siendo a la vez tan aparente como la misma individualidad.

La concepción de la libertad

Los neoliberales han sostenido que la defensa de la libertad en el siglo xx tiene los mismos componentes esenciales que tuvo en el siglo xvii. La libertad es el valor supremo del hombre y consideran que es posible organizar la vida política y económica alrededor de este principio fundamental. Para Hayek la libertad es un valor ordenador de la vida humana. "Es preciso demostrar que la libertad no es meramente un valor singular, sino la fuente y condición necesaria de la mayoría de los valores morales".[32] El énfasis puesto por Hayek en la idea de libertad no es tangencial, puesto que es el valor central para el ordenamiento de la vida humana:

> El estado en virtud del cual un hombre no se halla sujeto a coacción derivada de la voluntad arbitraria de otro o de otros se distingue a menudo como libertad "individual" o "personal" [...]. En tal sentido emplearemos dicha expresión [...]. Aunque en algunos de los restantes sentidos pudiera ser legítimo hablar de diferentes clases de libertad, tales como "libertad de" y "libertad para" en nuestro sentido la libertad es una, variando en grado pero no en clase.[33]

Este concepto de libertad es esencialmente negativo en cuanto su presencia está señalada por la ausencia de algún elemento constrictivo que inhiba al individuo, de manera independiente, en la

---

[32] F. Hayek, *Los fundamentos de la libertad*, cit., p. 20.
[33] *Ibid.*, pp. 26-27.

prosecución de los fines que él ha elegido libremente. La posibilidad de elección que se le abre a una persona carece de relevancia en tanto

> el que una persona sea libre no depende del alcance de la elección sino de la posibilidad de ordenar sus vías de acción de acuerdo con sus intenciones presentes [...]. La confusión de la libertad como poder de la libertad en su significado original conduce inevitablemente a la identificación de libertad con riqueza y hace posible explotar toda la atracción que la palabra libertad arrastra en apoyo a la petición de redistribución de la riqueza [...] por encima de todo, sin embargo, tenemos que reconocer que podemos ser libres y continuar siendo desgraciados. La libertad no significa la posesión de toda clase de bienes o la ausencia de todos los males. Es indudable que ser libre puede significar libertad para morir de hambre, libertad para incurrir en costosas equivocaciones o libertad para correr en busca de riesgos mortales.[34]

Al definir la libertad como ausencia de coacción, se hace necesario ampliar el significado de esta última para explorar sus consecuencias prácticas en las sociedades modernas:

> Por "coacción" queremos significar presión autoritaria que una persona ejerce en el medio ambiente o circunstancia de otra [...]. La coacción es precisamente un mal, porque elimina al individuo como ser pensante que tiene un valor intrínseco y hace de él un mero instrumento en la consecución de los fines de otros [...]. Una verdadera coacción tiene lugar cuando bandas armadas de conquistadores obligan al pueblo sojuzgado a trabajar para ellas; cuando cuadrillas de pistoleros cobran dinero a cambio de protección [...] y por supuesto, cuando el Estado amenaza con castigar y emplear la fuerza física para lograr la obediencia a sus mandatos.[35]

La libertad se define como la inexistencia de un agente externo que interfiera con la facultad de un individuo para conseguir sus

---

[34] *Ibid.*, pp. 28, 34 y 35.
[35] *Ibid.*, pp. 38 y 166.

fines, se refiere, sobre todo, a un estado donde el individuo pueda ordenar sus acciones y disponer de sus posesiones sin la presencia o el control de una voluntad extraña. La angustia individual, el temor a la muerte y el abuso estatal se convierten en el *suplemento* neoliberal para la defensa irrestricta de la libertad. Estas homologías describen, proyectan y representan una imagen mítica del Estado asociándolo al sojuzgamiento del individuo. Su potencia se circunscribe a la dimensión económica de la elección individual en cuanto representa la capacidad de que dispone cada individuo para emprender, producir, inventar, adquirir, desprenderse, emplear su tiempo, programar su propia vida siguiendo su interés o su espíritu de generosidad, modelando su existencia por patrones originales o limitados, aceptando un camino de mediocridad o grandeza. La libertad, como espontaneidad y ausencia de coacción, no significa ni poder, ni riqueza, ni bienestar, ni ausencia de mal o injusticia. Podemos ser libres y continuar siendo desgraciados. La libertad no impide morirse de hambre, ni incurrir en dolorosas equivocaciones, ni correr riesgos mortales. Consiste simplemente en la posibilidad de decidir sin presión ajena. Al concebir la naturaleza humana como de preferencias ilimitadas, la libertad consiste en satisfacerlas sin otras restricciones que las contraídas voluntariamente.

La referencia a la voluntad de un tercero es de mucha importancia, ya que permite aplicarla de un modo restrictivo justo a lo que le interesa. Ésta se dirige a la pretensión de una posible superación del orden capitalista existente por el socialismo como sistema alternativo y contra el Estado de bienestar. La coacción es un suplemento teórico-político para sancionar situaciones concretas asociadas a las desviaciones representadas por el socialismo (como orden antagónico al capital). Incluye, obviamente, las formas de desmercantilización y universalización de los derechos sociales vinculados con el Estado de bienestar. Se trata de una casuística construida para sancionar situaciones concretas referidas a las diversas formas de colectivismo enunciadas por Friedrich von Hayek. Si la libertad individual se realiza en la acumulación de riquezas, y si el mercado realiza la integración de los individuos autónomos, entonces la política no puede ser sino coacción, y el Estado sólo un artificio contractual para garantizar la propiedad privada. Siendo indispensable una autoridad que defienda el orden establecido, hay que controlarla para que la coerción no sea arbitraria.

La política queda reducida a una autoridad técnica que crea el principio de libertad negativa que los neoliberales oponen al Estado. Se trata de una libertad económica privada que no debe confundirse con la participación de los ciudadanos en la elección del gobierno, en el proceso legislativo y el control de la administración de su país. Tal libertad política sería secundaria, como dice Hayek: un pueblo libre no es necesariamente un pueblo de hombres libres, nadie necesita participar en dicha libertad colectiva para ser libre como individuo. La libertad es individual y negativa, su dimensión es estrictamente económica. La capacidad efectiva de hacer, en cuanto libertad positiva, queda excluida dentro de la arquitectura neoliberal. De esta manera, su teoría y defensa de la libertad se reduce a la dimensión mínima y negativa de la libertad como ausencia de coacción. Su concepción de la libertad es unilateral en cuanto abstrae de ella sus dimensiones psicológicas, sociales, políticas, culturales e históricas para destacar su dimensión de libertad económica *en* y *para* el mercado.

Con el objetivo de avanzar en una radicalización de la concepción de la libertad, es necesario vincular las dos esferas constitutivas; tanto su dimensión positiva como la negativa. Positivamente, es la facultad efectiva de elección que posee cada persona para conseguir sus propósitos o metas. Negativamente, es la condición de que ningún individuo debe someterse a la voluntad de otro. La libertad para Hayek no es en su esencia poder hacer; no es efectiva capacidad de elección. Éste proclama un concepto monovalente que sólo consiste en la no-interferencia ajena. Por el contrario, la libertad depende de cuantas puertas abiertas tengo, lo que significa necesariamente el tener oportunidades de acción y de elección.[36] Si se considera con más detenimiento la libertad en todas sus dimensiones, se reconoce que el aspecto fundamental del ideal de libertad es el positivo, y ello en dos planos: primero en cuanto al elemento *poder hacer*, incluye conceptualmente el de no hallarse interferido; y se-

---

[36] I. Berlin, "Dos conceptos de libertad", en *Libertad y necesidad en la historia*, Madrid, Revista de Occidente, 12, 1974, p. 136.

gundo, en cuanto a la libertad como independencia frente a la voluntad de otros, sólo puede constituirse en función lógica y real de la capacidad efectiva, personal, para hacer algo. Por eso, el sentido de la libertad que reconocemos en la independencia frente a otros es tributario del sentido de la libertad como poder y no al revés.

Será positivo con relación al sujeto porque entonces significa *poder hacer*, será negativo con respecto de las circunstancias porque significará también la no-interferencia de dicho poder. La libertad crece a medida que nuestra capacidad de hacer aumenta y las limitaciones sociales disminuyen progresivamente. La lucha por la libertad humana sería en extremo insuficiente si no atendiera a la redención del individuo, que es un aspecto fundamental de la libertad. Dicha redención debe incorporar como horizonte normativo el reconocimiento del valor de la libertad con las concomitantes consecuencias prácticas de su realización. Esto supone la exigencia de una idea de justicia, paz y respeto a la dignidad del ser humano que implique una redención del individuo pensado socialmente para incrementar su poder hacer. La capacidad de elegir supone dos motivos fundamentales. Primero, los seres humanos tienen dignidad y son fines en sí mismos porque son capaces de elegir sus propios objetivos y fines. Segundo, dado que están ineludiblemente enfrentados a valores incompatibles e igualmente fundamentales, no pueden evitar hacer elecciones. En efecto, esta facticidad es la causa esencial de que los seres humanos le otorguen un valor tan fundamental a la libertad y capacidad para elegir caminos alternativos.

Hayek sólo se ocupa de la dimensión económica y restrictiva de la libertad. Para él, "la libertad económica que es el requisito previo de cualquier otra libertad no puede ser la libertad frente a toda preocupación económica [...], tiene que ser la libertad de nuestras actividades económicas que con el derecho a elegir, acarrea inevitablemente el riesgo y la responsabilidad de este derecho".[37] Por ello, la interioridad del ser humano queda transformada cuando éste, en el ejercicio de su libertad, sólo establece relaciones mercantiles y su libertad se reduce exclusivamente a esta dimensión de la vida. En fin, se desarrolla una visión del mundo que circunscribe cualquier

---

[37] F. Hayek, *Camino de servidumbre*, cit., p. 135.

fenómeno a las relaciones mercantiles sin ninguna zona libre ni en el exterior ni en el interior de la persona. Antes al contrario, la realización completa de la libertad únicamente puede ser alcanzada en y a través de la libertad de los otros a los que me encaro como sujeto. La realización de la libertad no tiene sentido cuando se piensa en ella como un proyecto individual que no está vinculado con la libertad de otros que ya no me amenazan ni se oponen a mí, sino que alcanzan y reflejan la libertad que compartimos mutuamente.

Una objeción clara al concepto de libertad de Hayek es su imprecisión inevitable. Es imposible concebir al yo separado de las relaciones sociales, porque los dos aspectos de la libertad se encuentran coligados e integran la unidad de la situación. La unidad negativa y positiva es fáctica en tanto me encuentro existencialmente impedido para definir mi libertad por la mera ausencia de coacción sin referencia a que la acción no coaccionada o permitida se halle o no dentro del poder que uno dispone. Obviamente, el aspecto más dramático en el ejercicio de la libertad es la independencia frente a la voluntad ajena. Ello es comprensible en cuanto la sujeción anula en su esencia la acción existencial de la libertad al inutilizar el poder hacer. No importa cuánto pueda hacer, mi poder cesa ante la coacción insuperable. La dependencia es la negación más visible de la libertad.

Si el concepto de libertad expresa esa dimensión tan fundamental de la existencia vivida por el ser humano, precisa construirse de manera que funcione simultáneamente en su valencia positiva y negativa. En todo caso, el concepto de ausencia de coacción está pensado exclusivamente en términos de las limitaciones que la acción del Estado le puede imponer al individuo, sin reflexionar sobre la coacción que pueden ejercer y ejercen las corporaciones transnacionales en el mundo contemporáneo. Por tanto, excluye la mayor parte de las relaciones sociales que ocupan un lugar central en la vida moderna. En definitiva, subsumiendo, subordinando y mitificando el ejercicio de las relaciones de poder que fácticamente practican las corporaciones transnacionales. La defensa del orden capitalista se realiza mediante una forclusión de las relaciones de poder dominantes en las sociedades capitalistas. Como la ausencia de coacción es el principio angular de la libertad, se configura un mun-

do darwiniano donde priva la selección natural como diagrama de
competitividad entre las corporaciones transnacionales. Una lucha
de todos contra todos —como observó Thomas Hobbes— bajo la
lógica de la mercantilización del mundo. La libertad sería la ausencia de restricciones para las actuaciones de la libre empresa bajo el
imperio irrestricto de la ley. Se trata de la libertad económica concebida dentro de los parámetros del derecho natural moderno. En
su defensa del Estado liberal, suscribe la necesidad de la imparcialidad de las normas.

> Allí donde se conocen los efectos precisos de la política del Estado
> sobre los individuos en particular, donde el Estado se propone directa-
> mente estos efectos particulares, no puede menos que conocer esos
> efectos, y no puede, por ende, ser imparcial [...]. El Estado deja de ser
> una pieza del mecanismo utilitario proyectado para ayudar a los indivi-
> duos al pleno desarrollo de su personalidad individual y se convierte en
> una institución moral; donde moral no se usa en contraposición a in-
> moral, sino para caracterizar a una institución que impone a sus miem-
> bros sus propias opiniones sobre todas las cuestiones morales, sean mo-
> rales o grandemente inmorales estas opiniones. En este sentido, el nazi
> u otro Estado colectivista cualquiera es moral, mientras que el Estado
> liberal no lo es.[38]

En los términos definidos por Hayek, el Estado es la garantía
fundamental para el ejercicio de la libertad económica e individual.
Éste sólo puede legislar en términos generales sin referencias al
tiempo, al lugar o a alguien en particular. Sólo el Estado liberal es
neutro, amoral o imparcial en los términos definidos por el filósofo
austriaco. El derecho y la ley son instancias formales donde los hombres intentan poner límites a sus antagonismos. Para cada persona,
el bien es la satisfacción de sus propios deseos; no existe ningún otro
bien. Entonces la libertad es la facultad de elegir los medios para
satisfacerlos en forma arbitraria. En principio no hay nada que haga
que las metas de un hombre merezcan tener más éxito que las de
otro. Parece que sin importar cuáles sean las restricciones que se fi-

---

[38] *Ibid.*, cit., pp. 108-109.

jan para asegurar el orden, éste beneficiaría los fines de unos individuos más que los de otros. Cualquier preferencia sería arbitraria,
puesto que no se justificaría. La supuesta neutralidad del Estado liberal es una defensa de la propiedad privada, la individualidad, la
libertad negativa y la economía de mercado, en tanto el ejercicio de
la libertad individual consiste en desarrollar su naturaleza posesiva
(propiedad privada) en contra de otros individuos.

Desde esta perspectiva, el derecho es la cristalización del ejercicio de la libertad de los individuos propietarios capitalistas sobre los
otros desposeídos del mundo. Por tanto, mediante una defensa del
derecho natural moderno, con su representación de una naturaleza
humana egoísta, individualista y competitiva, se naturaliza la histórica desigualdad social. A este planteamiento le subyace una identidad fundamental entre ejercicio de la libertad individual y orden
capitalista. La pregunta por el valor de la libertad pierde relevancia
en tanto se convierte en un dispositivo de control y sujeción del
orden propietario burgués. Interrogarse en el ámbito de lo profundo de la existencia humana sobre la posibilidad de un orden con
justicia, dignidad y libertad supondría una cuestión de segundo orden, en cuanto esta pregunta se encuentra fuera de la individual,
egoísta y competitiva naturaleza humana. Esta concepción de la libertad individual legitima las actuales condiciones sociohistóricas
que favorecen el modelo oligopólico y transnacional del capital.

En esta dirección, es necesario plantear en el campo del debate
teórico-epistemológico la lucha por los conceptos adecuados. La
centralidad social y política del debate teórico-epistemológico es
fundamental puesto que el concepto no sólo define, contiene también una afirmación sobre un estado de cosas. El modo en que se
definen, conceptualizan e interpretan tanto las cuestiones de principio, como las estructuras, los modelos y procesos sociales, siempre ha sido una cuestión importante, y en la actualidad esto reviste
aún mayor relevancia en una comunidad globalizante, en la que sus
modelos y conceptos configuran e incluso determinan la naturaleza
de los efectos y los resultados económicos, sociales y políticos en
todos los ámbitos de la sociedad humana. El marco y los modelos
conceptuales generales de la globalización actual han surgido a partir de las ideas, intereses y el programa de actores que se inspiran en

premisas ideológicas neoliberales.[39] Por tanto, no es posible abs-
traerse de las relaciones de poder existente con la pretensión de
construir conceptos que estén al margen de estas relaciones.

Antes al contrario, forman parte de las guerras interpretativas
que se escenifican en el campo de fuerza de las ciencias sociales.
Tanto la pretensión de objetividad vinculada al positivismo lógico
como la neutralidad valorativa de la sociología de Max Weber constituyen suplementos teórico-epistemológicos que sirven como fundamento al cientificismo neoliberal. Sobre todo, por la forma como
construyen conceptos que excluyen explícitamente las relaciones de
poder del capital, y presentan una arquitectura teórico-cultural que
legitima el orden global del capital. En efecto, Hayek construye su
defensa de la libertad individual, en tanto libertad económica, abstrayendo el orden oligopólico, transnacional y financiero del capital. Para él, lo determinante no es la libertad misma, sino la defensa
del régimen capitalista. Es ésta la piedra de toque de toda su arquitectura. No es la libertad la que sirve de medida al capitalismo; al
contrario: éste sirve a aquélla. Se trata en última instancia de la libertad económica de la empresa privada. Ahora bien, ¿puede alguien ser libre si puede cada cual ser tiranizado por el capricho de
los demás en su ejercicio de la libertad individual?

Desde un punto de vista genealógico, la emergencia de la libertad como principio alocativo se configura en el contexto de la segunda modernidad europea. La filosofía de Hobbes, Locke y Kant
emergen como justificaciones de la autodeterminación individual y
nacional, como defensas de la soberanía, como principio fundamental de la modernidad. El comercio libre, la libertad de religión, la
libertad de pensamiento y el principio de legalidad se convierten
desde la firma del Tratado de Paz de Westfalia, en 1648, en los li-

---

[39] "Este modelo está inspirado en una imagen antropológica del ser humano
como ser racional, dotado con la capacidad de elegir, y como empresario, explota-
dor de su propia fuerza de trabajo; por una visión moral de la sociedad que acepta
las crecientes divisiones y exclusiones, y por una doctrina política que intercambia
una esfera reducida de democracia a cambio de las libertades del mercado" [J.
Habermas, "¿Por qué Europa necesita una Constitución?", *New Left Review* 11
(2001), p. 11].

neamientos fundamentales de la burguesía como clase social emergente. La filosofía de la Ilustración se concentró en determinar la libertad como su interés más privativo, y se dedicó a fundamentarla bajo la mirada vigilante de la burguesía. Desde la perspectiva del liberalismo, ese interés cognoscitivo es antagónico en sí mismo. Se dirige contra la antigua opresión, al mismo tiempo que fomenta nuevas formas de opresión ancladas en la mercantilización del mundo, sobre todo si consideramos la defensa de la libertad individual —en la concepción neoliberal— en el contexto del creciente dominio de los oligopolios transnacionales en el mundo contemporáneo.

En este contexto, la hegemonía del discurso neoliberal se re-escribe como escatología de redención final y definitiva. Así, toda una operación de re-escritura organiza el despliegue de los dispositivos políticos, económicos y culturales del discurso neoliberal. Lo que hace el discurso neoliberal es re-escribir la economía de mercado como una pulsión de fuerzas naturales y ocultar con ello a las instituciones, los individuos, los actores globales y locales que motorizan al capitalismo global. Pero no sólo oculta. Con esta operación lingüística se consigue plantear el orden económico imperante como la única forma posible. La realidad se subsume a un solo factor explicativo-comprensivo, se abre el camino hacia una visión totalitaria del mundo social. Se trataría de un nuevo tipo de revolución conservadora que reivindica la conexión con el progreso, la razón y la ciencia —en realidad la economía— con el fin de justificar su propio restablecimiento y tratar de relegar por la misma razón al pensamiento y la intervención progresista a un estatus arcaico.

EL MERCADO COMO PRINCIPIO ALOCATIVO

El individualismo, la libertad y la economía de mercado se constituyen como el suplemento fundamental de la civilización occidental. De modo tópico, los mecanismos autopoiéticos que le subyacen al funcionamiento altamente complejo del mercado se ven amenazados por aquellos que, como *hybris*, pretenden organizar y planificar la sociedad, desconociendo en absoluto cómo opera ésta. Según Hayek, la competencia es un mecanismo cuasi natural, cibernético e insuperable de la sociedad en su función de asignación de recursos. Cualquier intento por reemplazarlo conduciría a la destrucción y el caos. Para él, la defensa de la economía de mercado se convierte en un imperativo categórico:

> La argumentación liberal defiende el mejor uso posible de las fuerzas de la competencia como medio para coordinar los esfuerzos humanos [...]. En realidad, uno de los principales argumentos en favor de la competencia estriba en que ésta evita la necesidad de un control social explícito y da a los individuos una oportunidad para decidir si las perspectivas de una ocupación particular son suficientes para compensar las desventajas y los riesgos [...]. El liberalismo económico se opone, pues, a que la competencia sea suplantada por métodos inferiores para coordinar los esfuerzos individuales [...]. Los patrones que tenemos surgieron del sistema de competencia que hemos conocido, y desaparecerían, necesariamente tan pronto como se perdiese la competencia.[40]

La planificación económica supone para Hayek intentos totalitarios de control de la sociedad. Dicha planificación funge, en los términos del autor, como mecanismo coercitivo de la sociedad; además, implica sustituir un mecanismo complejo por uno inferior. "Lejos de ser propia para condiciones relativamente sencillas tan sólo, es la gran complejidad de la división del trabajo en las condiciones modernas lo que hace de la competencia el único método que permite efectuar adecuadamente aquella coordinación".[41] La competencia es un mecanismo impersonal que se encarga fundamentalmente de la asignación óptima de los recursos. Partiendo del supuesto constitutivo de la escasez de recursos, la competencia entre los individuos en su libre ejercicio de la libertad económica realiza la asignación óptima de éstos. El mercado es el procedimiento objetivo de ajuste entre los deseos, que son libres, y los bienes, que son limitados. El mercado se mueve gracias a las preferencias libres de los sujetos y carece de coacción. Es, asimismo, impersonal, por-

---

[40] F. Hayek, *Camino de servidumbre*, cit., pp. 64-67.
[41] *Ibid.*, p. 78.

que se rige por reglas no discriminatorias que amparan el interés común de los que en él operan. Es un sistema autorregulado en el que se produce un orden a partir de múltiples acciones individuales guiadas por intereses particulares.

Para Hayek el mercado genera una enorme cantidad de información objetiva sobre los deseos y las capacidades de los agentes económicos, información que ningún sujeto capta en su totalidad, pero que parcialmente es usada por todos, conduciendo así a los famosos *óptimos del equilibrio general*. Franz Hinkelammert, en un agudo análisis sobre el término *competencia perfecta*, ha demostrado las aporías insalvables de este concepto. Al respecto, el economista alemán asegura que el concepto de competencia es un concepto límite no empírico que sirve para interpretar y englobar la realidad (mercado). Éste es un concepto trascendental debido a que trasciende la realidad empírica a la que se refiere (mercado), es imaginario (de la realidad) y por tanto, no factible; es, en los términos de Hinkelammert, empírea idealizada a partir de rasgos generales de la realidad. La dificultad insalvable del concepto de *competencia perfecta* es que se refiere a tendencias empíricas que se explican mediante conceptos no empíricos. Sostener su existencia supone confundir términos empíricos y trascendentales.

Esta teoría de la competencia perfecta o teoría general del equilibrio es una construcción abstracta. Los hombres, como participantes del mercado, actúan con una transparencia perfecta porque el mercado permite en cada momento un equilibrio de todos sus componentes. En palabras de Karl Marx, se trata de la construcción de un mercado con una coordinación *a priori* de la división social del trabajo. A este modelo de competencia perfecta se le introducen ciertos supuestos teóricos. El principal es aquél de un conocimiento perfecto de todos los participantes del mercado. Sin embargo, Hayek se resiste a decir que el modelo de equilibrio efectivamente presupone tal cosa. No hay duda de que, en cuanto modelo, tiene tal presupuesto (eso por el simple hecho de que el equilibrio de la competencia perfecta es un equilibrio simultáneo, sin procesos intermedios de adaptación) y es precisamente por esto que se trata de un concepto límite (competencia perfecta), que trasciende la realidad empírica, aunque sea desarrollado a partir de ella mediante un proceso infinito. No siendo posible tal conocimiento perfecto, el equilibrio no es calculable.

En el mercado no puede haber adaptaciones simultáneas; todas son necesariamente sucesivas y necesitan tiempo para llevarse a cabo. Por tanto, el problema teórico es la aproximación al equilibrio. Las condiciones generales para aproximarse al equilibrio serían, a saber: el mercado empírico, la libertad de contrato y la consiguiente garantía de la propiedad privada. Este modelo de equilibrio lleva a conceptualizaciones circulares, cuyo funcionamiento de competencia perfecta es el resultado de supuestos teóricos extremos, en especial del supuesto de conocimiento perfecto de todos los participantes del mercado, siendo todos los hombres participantes. Hayek trata de escapar al supuesto del conocimiento perfecto como condición para la tendencia al equilibrio, al sostener que el mercado produce tal tendencia, pero sin que cada participante tenga aquel conocimiento.

El mercado produce el equilibrio como si hubiera conocimiento perfecto. Lo trata como una institución cibernética que tiene este conocimiento, en el sentido de que puede actuar como si lo tuviera. Transforma al mercado en una instancia mágica de omnisciencia estructural. Se inspira para ello en *La filosofía del "como si"* de Hans Vaihinger. Sustituye la estabilidad de la teoría general de equilibrio por la armonía sacrificial de Adam Smith, con su concepción del mercado como un sistema autorregulado cuya armonía se produce por el sacrificio de los excluidos que se eliminan mediante la oferta y la demanda. Adam Smith describe este milagro realizado por la estructura del mercado como *la mano invisible*, verdadera providencia que guía los actos humanos armónicamente:

> Ninguno por lo general, se propone originalmente promover el interés público, y acaso ni aún conoce cómo lo fomenta cuando no abriga tal propósito. Cuando prefiere la industria doméstica a la extranjera, sólo medita su propia seguridad, y cuando dirige la primera de forma que su producto sea del mayor valor posible, sólo piensa en su ganancia propia; pero en éste y en otros muchos casos, es conducido como por una mano invisible al promover un fin que nunca tuvo parte de su intención.[42]

---

[42] A. Smith, *La riqueza de las naciones*, México, Publicaciones Cruz, 1980, p. 89.

El mercado es la gran síntesis humana buscada por toda la historia entre el interés propio de cada uno de los seres humanos, y el interés general de todos. Moviéndose el hombre en mercados, su persecución del interés propio asegura automáticamente el interés común de todos. El mercado es una estructura autopoiética que le quita al hombre toda responsabilidad por el resultado concreto de sus actos, porque automáticamente asegura que este resultado sea directa o indirectamente de provecho para todos. Cuanto menos se preocupa el hombre por los otros, mejor asegura condiciones de bienestar humanos. Hayek asegura:

> Esto es precisamente lo que el sistema de precios realiza en el régimen de competencia y lo que ningún otro sistema puede, ni siquiera como promesa, realizar. Permite a los empresarios, por la vigilancia del movimiento de un número relativamente pequeño de precios, como un mecánico vigila las manillas de unas cuantas esferas, ajustar sus actividades a las de sus compañeros. Lo importante aquí es que el sistema de precios, sólo llenará su función si prevalece la competencia, es decir, si el productor individual tiene que adaptarse él mismo a los cambios de los precios y no puede dominarlos. Cuanto más complicado es el conjunto, más dependientes nos hacemos de esta división del conocimiento entre individuos, cuyos esfuerzos separados se coordinan por este mecanismo impersonal de transmisión de las informaciones importantes que conocemos por el nombre de sistema de precios.[43]

La superioridad de los procedimientos de mercado radica en la facticidad de actuar en función de una información y un conocimiento de los hechos disgregados en la sociedad.

> En una sociedad civilizada, lo que permite a cada uno de sus miembros perseguir una gama de posibilidades que superan infinitamente la mera satisfacción de sus más elementales necesidades físicas no es tanto, a nivel individual, el mayor conocimiento disponible, cuanto el disfrutar del beneficioso efecto producido por el aprovechamiento del conjunto de conocimientos poseídos por el resto de sus congéneres.

---

[43] F. Hayek, *Camino de servidumbre*, cit., p. 79.

Cualquier persona civilizada puede vivir en la ignorancia, quizá en mayor medida que los seres primitivos. Ello no obstante, no dejará de obtener las notables ventajas que la civilización le proporciona.[44]

En el pequeño grupo —donde todo el mundo se conoce y en el que los flujos de información entre las personas son mínimos—, el altruismo predominante en las relaciones personales es posible, viene a decirse. Pero en el gran grupo, en las sociedades complejas, en el que los flujos de información son muy débiles, el egoísmo es obligado.

> Lo que caracteriza esencialmente al gran grupo, y esto es lo decisivo para la economía, es que nosotros servimos a personas a las que ni siquiera conocemos, que recibimos servicios de personas que nada significan para nosotros, y de aquí que no podamos comportarnos con los demás de acuerdo con las reglas personales, sino de acuerdo con aquellas reglas abstractas (de entre las cuales, las más importantes a mi juicio son las de la propiedad privada y las de veracidad y lealtad contractual).[45]

Cuando Hayek habla sobre reglas personales se refiere a aquellas relacionadas con la amistad; mientras que con abstractas se refiere a normas impersonales. En las sociedades capitalistas los flujos informativos son inmanentes a su funcionamiento, en donde el egoísmo es universal. El mercado puede organizar grandes áreas de la vida económica sin necesidad de que los individuos tengan mucha información sobre las necesidades, los deseos y las preferencias de los agentes con los que directa o indirectamente interactúan. De esta forma, la responsabilidad de los individuos es eliminada por este mecanismo cuasi armónico, y la irresponsabilidad por el resultado de los actos ya no parece entonces mera irresponsabilidad, sino verdadera responsabilidad. La dureza y hasta la brutalidad en las relaciones humanas ya no representan su significado común, sino exactamente lo contrario: la única forma realista de preocupación

---

[44] F. Hayek, *Derecho, legislación y libertad*, cit., p. 116.
[45] *Ibid.*, p. 132.

por el otro, el realismo de amor al prójimo. Sobre la eficacia cognitiva del mercado, asegura:

> Fue la sumisión de los hombres a las fuerzas impersonales del mercado lo que en el pasado hizo posible el desarrollo de una civilización que de otra forma no se habría alcanzado. Sometiéndonos así, hemos contribuido día tras día a construir algo que es más grande de lo que cualquiera de nosotros puede comprender plenamente [...]. La negativa a someternos a fuerzas que ni entendemos ni podemos reconocer como decisiones conscientes de un ser inteligente es el producto de un incompleto y, por tanto, erróneo racionalismo.[46]

Cada productor se puede adaptar a los cambios que el mercado señala. No hacen falta órdenes ni planes centrales porque esta calculadora encarnada en las relaciones mercantiles trabaja para aquél que está dispuesto a someterse a ella. Esto desemboca en una verdadera idolatría del mercado. Lo transforma entonces en el lugar de la razón. La razón, en la perspectiva neoliberal, es vista como un mecanismo colectivo de producción de decisiones, como un resultado del propio mecanismo del mercado. Sin embargo, ésta no es individual, es la renuncia al juicio propio. Se trata de un individualismo que niega al individuo su razón subjetiva e individual. Hayek le otorga al mercado una cualidad milagrosa: donde hay milagro, hay fuerza superior, el hombre solamente se puede callar, reconocer y adorar. El orgulloso no reconoce al milagro, aparece entonces la virtud social y clave de la ética neoliberal: la humildad.

Para Hayek, "el individualismo es, pues, una actitud de humildad ante ese proceso social".[47] Esta ideología del mercado total permite ahora desentenderse de todas las funciones concretas de la economía.[48] Todo se disuelve en simples expresiones mercantiles y

---

[46] F. Hayek, *Camino de servidumbre*, cit., p. 246.

[47] *Ibid.*, p. 205.

[48] Los neoliberales critican los servicios sociales por su ineficiencia económica, abogan por el abandono de la planificación económica, una estricta limitación de los poderes sindicales, el desmantelamiento de la fiscalización progresiva, la eliminación de controles de planificación y alquiler, una disminución

fuera de las funciones mercantiles no queda nada real. En la visión del mercado total, toda humanidad se agota en el destino de la maximización de las ganancias, ya que en el automatismo de mercado hay un fin, que es el interés general, y se cumple precisamente porque no se lo tiene como meta. Por lo tanto, y bajo estos preceptos, se sustituye la ética en todos los ámbitos humanos por la instauración de los valores de mercado; que son el cumplimiento de los contratos y el respeto a la propiedad privada.

Como proceso natural se refiere a lo que ocurriría o al curso de acontecimientos que surgiría de la interacción individual en ausencia de una intervención humana específica, bien de tipo político, bien desde la violencia. El comportamiento cibernético del mercado es un obvio ejemplo de estos fenómenos naturales. Las propiedades autorregulativas del sistema de mercado no son un efecto de una máquina reflexiva, sino un resultado espontáneo del mecanismo de los precios. Para Hayek las restricciones al comercio internacional, las regulaciones estatales y los privilegios corporativos perturban pero no suprimen las tendencias económicas naturales del mercado; su funcionamiento tiene lugar mediante la interdependencia de sus partes constitutivas, pero toda intervención en este orden disloca su naturaleza espontánea. Ninguna regulación del comercio puede incrementar la cantidad de la industria en cualquier parte de la sociedad más allá de lo que su capital pueda mantener. Sólo le es posible desviar una parte de él por una dirección que de otro modo no hubiera seguido. El orden espontáneo permite que cada hombre sea absolutamente libre para procurar su propio interés entablando una competición entre su industria y capital con los de cualquier otro hombre. La fuerza del concepto de mercado reside en su estructura totalizadora, en su capacidad para proporcionar un modelo de totalidad social.

Los neoliberales conciben al mercado como una descripción de la realidad natural, y lo establecen a manera de imperativo moral universal. De manera homóloga, la economía neoclásica es intrín-

---

gradual de la responsabilidad estatal en el campo de la enseñanza, la restauración de la riqueza como criterio para el acceso a la educación superior y el fin de los programas gubernamentales.

secamente normativa al postular que las instituciones centrales del capitalismo tardío —propiedad privada, mercado y libre competencia— satisfacen los requisitos de eficiencia y equidad. Sin lugar a dudas, las representaciones neoclásicas producen leyes en el sentido de normas en contraposición a regularidades nomológicas observables, cuantificables y demostrables como exige la ciencia moderna. De este modo, la teoría de la libre competencia no pretende ser una simple explicación científica del posible rumbo que seguirían las relaciones económicas (en el supuesto de que se produzcan determinadas condiciones); por el contrario: es simultáneamente la producción de las condiciones de la realidad económica neoliberal donde esas condiciones hipotéticas producirían la mayor satisfacción de preferencias y deseos posibles en la sociedad como un todo. En términos fácticos, la libre competencia se convierte en un conjunto de suposiciones abstractas que termina configurando como un *desiderátum político*.

El mercado crea un orden en el que las expectativas de posibilidad están controladas por intereses racionales, donde las posibilidades deben calcularse continuamente de acuerdo con las oportunidades de intercambio realmente existentes para el individuo. Puede decirse que el mercado disciplina el imaginario de lo posible, sobre todo el acceso diferencial a las diversas oportunidades disponibles. En este sentido, el mercado es esencialmente anti-utópico. Se inscribe en un orden de signos jerárquicamente estructurados que determina las preferencias y los deseos del individuo. Pero, además, sólo repara en los valores de cambio subordinando todas las relaciones humanas al cálculo mercantil. En efecto, no tiene capacidad de producir consensos normativos ni genera identidades sociales (sólo estilos de vida), no admite lazos de confraternidad, erosiona los sentimientos de solidaridad y repudia todo comportamiento que no se rige por el cálculo. Las condiciones de integración social son intrínsecamente desiguales, lo que le resta legitimidad como dispositivo de eficacia simbólica en el campo de la política. Este doble déficit del mercado-déficit de sentidos y déficit de legitimación sólo logra ser enfrentado mediante mecanismos autoritarios de construcción de consensos, es decir, a través de un diagrama del terror en un orden autoritario.

El individualismo basa su auto-perfeccionamiento en la funcionalidad de dos premisas fundamentales, a saber: la libertad económica y la propiedad privada. Supone que a distintos individuos les corresponden distintas aptitudes, y que toda persona tiene derecho a desarrollarlas en competencia con otros y en la medida de su capacidad. El supuesto constitutivo de la primacía del mercado como mecanismo de asignación de recursos es que su funcionamiento conduce al máximo beneficio para todos. El interés colectivo se transforma entonces en una simple tecnología que se aplica asegurando la estabilidad de esta estructura. A su vez, en la estructura del mercado se descarga toda sensación humana, toda capacidad de consideración del otro. La ética social es sustituida por una técnica: la de imponer mercados y hacer respetar sus relaciones internas. Por eso no les interesa la política. Se sienten iluminados con la fórmula matemática y la técnica que les permiten llegar calculadamente a lo que otros, antes que ellos, querían alcanzar ilusoriamente.

Los valores de la propiedad privada y del cumplimiento de los contratos se transforman en esta estructura mágica que cumple automáticamente con todos los sueños de la humanidad. Estos valores —al institucionalizarse en estructuras de mercado— expulsan a todos los otros, se hace patente un egoísmo que moralmente se entiende precisamente como lo contrario, como una preocupación realista por la suerte del otro. Por eso los neoliberales ni siquiera conocen el reproche de egoísmo, y en caunto a la división social del trabajo, ésta se visualiza como un sistema de cálculos del interés propio que no admite una corrección.

Todo tiene que reducirse a este cálculo del interés propio mientras sólo la ideología de mercado atiende, indirectamente, el interés ajeno. El uno es servidor del otro y la ganancia es la medida cuantitativa de la eficacia de este servicio. El mercado parece ser un simple ámbito de servicios que impulsa a cada uno a servir al otro lo más y mejor posible. El mercado es *societas perfecta* que nunca tiene ninguna culpa, pero frente a la cual todos son culpables. Sustituye a la Iglesia de la Edad Media entonces. Esta concepción del mercado va acompañada de un tenebroso realismo. No pretende que a todos les vaya bien en el mercado, por el contrario, lo vincula como un silencioso genocidio cotidiano. Lo que celebra es que el mercado es capaz de eliminar a todos los hombres que no tengan capacidad o iniciativa para imponerse, pues, en un sistema de competencias en el cual no solamente se decide sobre los productos y su producción, sino igualmente sobre los productores y su vida, sólo sobreviven los más aptos, los demás perecen. El mercado es un señor sobre la vida o la muerte.

El individualismo desemboca en un colectivismo cínico sin límites que conduce a borrar el concepto de hombre y sustituirlo por un sujeto creado a imagen y semejanza de las propias relaciones mercantiles. Si el hombre no puede demandar el mínimo necesario para vivir, cae fuera del ámbito de la economía y del mercado; a fin de cuentas, de la existencia humana. Según la idea que de sí misma tiene la sociedad burguesa, el sistema de libre concurrencia puede regularse a sí mismo con la condición de que ninguna instancia distorsione su funcionamiento. En tanto tiene la capacidad de desempeñarse de acuerdo con el bienestar de todos siguiendo estrictamente el rendimiento individual, la sociedad determinada exclusivamente por las leyes del libre mercado se presenta no sólo como una esfera libre de dominación, sino también como esfera exenta de poder.

La potencia económica de un poseedor de mercancía cualquiera queda establecida dentro de un orden de magnitudes en el cual no puede adquirir influencia alguna sobre el mecanismo de los precios. En consecuencia, no puede jamás materializarse directamente como poder sobre otros poseedores de mercancías en cuanto permanece sometida a la anárquica decisión del mercado que se impone anónimamente. En cierto modo, autónomamente respecto del proceso de intercambio. En el fondo de la idea de un mercado neutralizado de influencias exteriores late el convencimiento de que el reparto de las gratificaciones debe ser isomorfo respecto del modelo de los diferenciales de rendimiento de todos los individuos.

Marco categorial del neoliberalismo

Las ideas de *individuo*, *libertad* y *mercado* forman el núcleo de la doctrina neoliberal y fundamentan su arquitectura teórico-político desde una perspectiva de filosofía social y política. Presentar a Occidente como una realidad amenazada por sistemas contrarios a la concepción de individuo y al mercado constituye una piedra angular de su teorización. El neoliberalismo edifica su doctrina partiendo de estos dos conceptos primarios que se construyen simultáneamente como conceptos polarizados en relación con otros, específicamente con *colectivismo* (socialismo, Estado de bienestar, populismo) y *planificación*, que son los conceptos antagónicos a la realidad neoliberal. La realidad dentro de este marco categorial es pensada como una realidad amenazada, o como diría Hinkelammert, precaria. Si partimos de la fenomenología trazada por Locke, Hobbes y Smith, los conceptos de individuo y mercado se construyen como conceptos empíricos no contrastables. El concepto de individuo es creado a imagen y semejanza del individuo mercantil del siglo XVII, en palabras de Macpherson, del individualismo posesivo; mientras el concepto de mercado es construido de acuerdo con el mismo autor, a partir de las relaciones mercantiles de la *sociedad posesiva del mercado* del siglo XVII. Estos conceptos son empírea idealizada.

El concepto de individuo es un concepto ontológico-metodológico[49] que se construye como una verdad incontrastable e indubitable. Es trascendente en un modo absoluto porque se encuentra por encima y superpuesto a las contingencias históricas. La naturaleza humana, vista por la antropología filosófica, es fija e inconmovible. Para este individualismo la sociedad es una suma de unidades homogéneas e invariables que se relacionan entre sí de acuerdo con reglas unívocas. A esta psicología neoliberal, que influye tanto en la ética como en la teoría del conocimiento, le subyacen tres principios: el primero es la separación entre el deseo y la razón, el segundo afirma que los deseos son arbitrarios, y el tercero sustenta que el conocimiento es adquirido mediante la combinación de sensaciones elementales e ideas.

El primer principio de la psicología neoliberal consiste en que al *yo* le subyacen la *razón* y el *deseo*, que son distintos, pues el deseo es

---

[49] En Hayek existe la tensión entre una ontología individual que le da absoluta primacía al individuo sobre los demás entes, y una ontología social que tiene como centro al mercado, que es el que dicta los requerimientos que ha de tomar el individuo. Esta tensión aparece como una constante en su pensamiento.

la parte motora activa y primordial del yo, y la razón por sí sola no quiere nada, pero el deseo, sin la ayuda de la razón, no puede visualizar nada. Esto puede llamarse el principio de la razón y el deseo. La razón o entendimiento es la facultad mediante la cual el yo determina cómo es el mundo. Los términos comprensión y conocimiento describen las imágenes del mundo producidas por el uso de la razón. El deseo o voluntad es la facultad por la cual el propio yo determina los objetos de sus apetitos y aversiones. Los apetitos (gustos) en sí mismos, son también llamados deseos. Una elección es una decisión sobre cuál de varias modalidades de acción son más capaces que otras de satisfacer un deseo.

El segundo principio de la psicología neoliberal es una extensión del primero. Los deseos son arbitrarios desde la perspectiva del entendimiento, siendo ése el principio del deseo arbitrario. El deseo resulta arbitrario en el sentido que no podemos defender nuestras determinaciones sólo ampliando nuestra comprensión de los hechos, y además, por la imposibilidad de usar la razón para justificar su contenido. A este principio del deseo arbitrario le subyacen dos calificaciones. La primera es que los deseos en sí mismos son capaces de ser objetos del entendimiento. La razón puede volverse sobre ellos y tratarlos como hechos con causas y efectos como a todos los demás hechos. La segunda es el papel subsidiario que la razón puede jugar en la justificación y crítica de la elección. Es objetivo típico del conocimiento el descubrir los medios más efectivos para alcanzar las metas que la voluntad ha escogido. Este uso instrumental del conocimiento envuelve a la razón en el proceso por el cual los objetivos son definidos y ordenados, pero no cambia el carácter fundamental de la relación entre el entendimiento y el deseo. La razón no nos puede mandar a elegir un curso de acción simplemente porque ésta tenga sentido en el campo de la elección individual (Descartes), ni tampoco puede prohibirnos decidir un nuevo objetivo para nuestras actividades; su trabajo al servicio del deseo es indispensable pero limitado.

Los dos primeros principios de la psicología neoliberal se dirigen a la persona como un todo. El tercero es el principio de análisis. Éste reconoce que las sensaciones son diferentes de los hechos y las ideas, diferentes de las sensaciones; pero insiste en que todas las operaciones de la mente (razón) mediante las cuales adquirimos conocimientos están dentro de dos categorías. Primeramente existe el hecho de que sensaciones separadas e ideas se asocian en ideas más generales y complejas. En segundo lugar, esta fragmentación de ideas complejas se yuxtapone en los varios elementos individuales que las constituyen. Lo primero es la combinación y agregación; lo último el análisis. Los procedimientos de análisis y combinación agotan los medios a través de los cuales podemos ganar conocimientos, tanto del mundo natural como de las verdades formales de las matemáticas y la lógica. Ahora bien, el espíritu que unifica a la teoría neoliberal del conocimiento es el de confianza en la primacía de los elementos simples. El mundo está hecho de cosas simples. Nuestra capacidad para comprender depende del éxito que tengamos en cuanto a ir de lo simple a lo complejo y luego regresar de esto último a lo anterior. La dificultad de mantener esta tesis radica en que ésta depende de la doctrina de las esencias inteligibles.

Las implicaciones sociales del principio de análisis son de dos órdenes: su influencia sobre las clases de creencias que los hombres se consideran a sí mismos con derecho a tener y sus relaciones con el modo en el que la sociedad está organizada. Consecuentemente, este principio de análisis constituye una valiosa defensa de la especialización de las ciencias y de las limitaciones de toda crítica del pensamiento liberal a una crítica de tipo parcial. Por otra parte, también nos aparta de cualquier intento por comprender nuestra situación social como un todo. Antes al contrario, al restringirse al estudio de lo individual y fragmentario se enuncia la imposibilidad de una comprensión global del mundo. Esta visión puede describirse de varias formas. En un sentido lato nos indica que la sociedad es artificial: los grupos y asociaciones son el producto de la voluntad y los intereses de los individuos, pues, para el individuo, el grupo es simbólicamente un medio para satisfacer fines que no podría alcanzar sino mediante la asociación. Puesto que los intereses de sus miembros son variables, los propios grupos son asociaciones precarias que permanentemente se disgregan y renacen bajo aspectos distintos. El problema crucial de las ciencias sociales será el estudio de los intereses que hacen que los hombres se mantengan fieles a sus agrupaciones. El concepto que enuncia este individualismo consiste en la idea de que la personalidad es independiente de la historia. El origen y la disgregación de los grupos están subordinados a la uniformidad de la naturaleza humana, que los neoliberales conciben como fija, inmutable y más allá de las contingencias históricas.

El pensamiento neoliberal elabora su marco categorial a partir de la realidad empírica del mercado amenazado, ubicándolo teóricamente entre dos polos trascendentales. Se trata del concepto límite positivo de la competencia perfecta y del concepto límite negativo del caos que se vincula con el socialismo. Hemos visto que desde su concepción del individuo y su visión del mercado, le subyace todo un marco ético. El mercado amenazado se transforma en un objeto de piedad (véase las referencias de Hayek a la sumisión y a la humildad) en función de la cual el hombre toma su posición en términos polarizados de humildad y orgullo. *Humildad* y *orgullo*, en términos éticos y teóricos, resultan tener una total correspondencia con los conceptos límite positivo y negativo. La humildad resulta la virtud cardinal de aquellos que hacen suyos los imperativos del mercado y derivan otras virtudes de las exigencias que el mercado les impone. Se trata en especial de las condiciones generales del equilibrio del reconocimiento de la libertad de contratos y de la propiedad privada. En el otro polo están los orgullosos que buscan la justicia social desafiando al mercado. El orgullo resulta ser su vicio neural y radica en el hecho supuesto por Hayek de que una justicia social que desafía el mercado presupone un conocimiento perfecto que ningún hombre puede tener y cuya pretensión constituye este orgullo.

Hinkelammert sostiene que al marco teórico categorial —y a su transfiguración ética— le subyace propiamente un marco teológico que efectivamente existe, aunque esté poco desarrollado. En este campo, identifican como supuesto el concepto límite positivo con Dios y el negativo con el diablo. Este Dios no es más que una *hipóstasis del mercado*, y a la vez el dios de la burguesía. Ciertamente un Dios de ese tipo es el *nomos* de la sociedad burguesa. A partir de allí se hace visible donde está el diablo. Desde el Paraíso le insinúa al hombre que si come del árbol del conocimiento puede ser igual a Dios. El diablo seduce al hombre hacia la pretensión de conocimiento. Tal como está elaborado este esquema teológico, es absolutamente maniqueo: transforma la reivindicación de la vida humana frente al mercado en pecado de Lucifer, y da a la defensa del mercado la más absoluta legitimación. Mediante una mística se construye una visión de la realidad que sustituye una realidad inmediata por las relaciones mercantiles. La realidad concreta aparece entonces como un subproducto de las relaciones mercantiles y el hombre es lo que las relaciones mercantiles hacen de él.

CAPÍTULO II
La epistemología neoliberal

KARL POPPER Y LA SOCIEDAD ABIERTA

El neoliberalismo parte del supuesto de que toda acción social está limitada por el hecho de que es imposible un conocimiento perfecto de toda la realidad humana, y por lo tanto no se puede concentrar en una sola mente o instancia.[1] Supone, al partir de este supuesto, que la planificación total de la sociedad es imposible porque ello presupone un conocimiento ilimitado, y sobre esta base se fundamenta su epistemología. La primera obra importante de Karl Popper —su obra fundamental— es *La lógica de la investigación científica*. Cuando la publicó, tenía delineados los rasgos y principios básicos de su pensamiento. Su epistemología se ocupa del progreso del conocimiento en general y del conocimiento científico en particular.[2] Su objetivo básico consiste en analizar el progreso del co-

---

[1] El supuesto de la limitación del conocimiento humano no es nada nuevo. El pensamiento metafísico lo expresa por su caracterización de Dios como omnisciente y de conocimiento ilimitado, y del hombre, inevitablemente, con conocimiento limitado. No es posible atribuir al conocimiento de lo finito una verdad que se deriva de algo inaccesible para ese conocimiento.

[2] "Parecen existir cuatro partes de la filosofía de Popper no totalmente relacionadas unas con otras, aunque fundadas en su particular visión ético-política: 1) la filosofía de las ciencias naturales: *La lógica de la investigación científica* y *Conjeturas y refutaciones*; 2) la filosofía de las ciencias sociales: *La sociedad abierta y sus enemigos* y *La miseria del historicismo*; 3) las cuestiones filosóficas de la evolución y 4) la doctrina del tercer mundo. En su metafísica, que es también una filosofía de la ciencia, se recalcan mucho menos las posibilidades de rechazo y de falsación que en su periodo metodológico anterior. Además, las posibilidades de rechazo y de falsación han sido sometidas a metamorfosis extrañas durante la última década, principalmente por el impacto de *La estructura de las revoluciones científicas*, de Thomas Kuhn" (M. Quintanilla, *Idealismo y filosofía de la ciencia. Introducción a la epistemología de Karl Popper*, Madrid, Cátedra, 1972).

nocimiento científico y desarrollar un cuerpo de normas capaz de facilitarlo y fomentarlo, pues para Popper constituye el paradigma de todo conocimiento. La epistemología sería, en definitiva, una metodología, la tecnología del progreso de la ciencia. Su orientación es explícitamente normativa y su meta consiste en estipular qué es lo que los científicos deben hacer si quieren alcanzar la meta u objetivo de progresar en el conocimiento.

Para él, la historia de la ciencia demuestra que toda parcela de nuestro conocimiento es falible y puede ser derribada. Pero, aunque rechace el absolutismo en su forma tradicional, se adhiere a una peculiar concepción del mismo, que denomina *absolutismo falibilístico*. Insatisfecho con las teorías tradicionales del conocimiento, ofrece una teoría no autoritaria, no genética, no justificativa y no absolutista que llama falibilismo crítico y progresivo, y se califica a sí mismo de racionalismo crítico. Una de las principales razones del autoritarismo de las teorías del conocimiento tradicionales fue su escepticismo radical. Se dudaba que pudiéramos llegar a saber algo con absoluta certeza y por esto se considera necesario apoyar el conocimiento sobre fundamentos sólidos. Por el contrario, una duda continua exige un autoritarismo igualmente continuo; de ahí que le resulte difícil comprender por qué haya que arrancar de un escepticismo radical. Aunque no lo sepamos todo, sabemos algo, asegura Popper. Algunas cosas las conocemos mejor que otras y aquellas que conocíamos poco, ahora las conocemos mejor.

La cuestión pertinente que habría que plantear es cómo progresamos no desde la ignorancia absoluta a la verdad absoluta sino desde el conocimiento menos fiable al más fiable. El conocimiento no empieza de la nada, éste se obtiene de la modificación del conocimiento anterior. Para Popper todo conocimiento progresa mediante la crítica, la cual asume formas diversas según el tipo de teoría o aseveración que implique. Popper divide el conocimiento en tres categorías distintas: a) la lógica y matemática, b) la empírica y científica y c) la filosófica y metafísica. En la primera, la crítica es en su mayor parte formal e interna por naturaleza y consiste en examinar la validez de las deducciones. La segunda conduce también a este tipo de crítica, sin embargo, dado que hace afirmaciones sobre el mundo, la forma más seria de criticarla consiste en someterla a contrastaciones empíricas, y cuando una teoría ha resistido rigurosamente las refutaciones, merece ser aceptada (no es verdadera, ni falsa, sólo está corroborada). Popper reconoce que la falsación es un proceso sumamente complejo, es una cuestión de grados, y la mayor parte de las teorías no pueden ser corroboradas en forma concluyente. Además, una teoría se compone de distintos tipos de aseveraciones con diferentes grados de importancia. El teórico deberá ponderar cuál de ellos habrá de refutarse con el fin de falsar la teoría, es decir, debe saber cuánto peso asignar a los contraejemplos. La ciencia no progresa por acumulación de observaciones, sino por el desarrollo de teorías que tienen un contenido explicativo siempre creciente y han sido sometidas a las más rigurosas refutaciones.

En *La lógica del descubrimiento científico*, Popper habría sostenido que el conocimiento cierto nos está negado. Nuestro conocimiento es una red de hipótesis, un tejido de sospechas. Más tarde escribirá: en la medida en que aprendemos de nuestros errores, nuestro conocimiento aumenta aunque nunca podamos llegar a conocer con certeza. Sin embargo, llega a afirmar que la principal tarea filosófica y científica debe ser la búsqueda de la verdad, y reconoce para sí que la ciencia tiene la verdad como fin. Popper lo decía en el sentido de la correspondencia de los hechos con la realidad. Para él, la verdad es como un gran océano sin descubrir. Nuestras reflexiones, dice, giran alrededor de un ilimitado desconocimiento; las teorías son conjeturas que esperamos sean verdaderas. A pesar de este escepticismo moderado, Popper postula como teoría de la verdad la teoría de la correspondencia, la cual afirma que debe existir una relación entre un enunciado y un hecho.

Para poder hablar sobre enunciados, la teoría habrá de expresarse en un metalenguaje usando nombres o descripciones de enunciados y quizá palabras como enunciados. En cambio, para poder hablar sobre hechos, tendrá que usar nombres o descripciones de hechos y quizá palabras como hechos. Con este lenguaje capaz de hablar sobre enunciados y hechos se pueden hacer afirmaciones sobre la correspondencia entre un enunciado y un hecho. Popper fundamenta su teoría de la verdad en la concepción semántica de la verdad de Alfred Tarski. Popper interpreta la investigación como un acercamiento a la realidad objetiva, entendiendo la verdad científica como una correspondencia con los hechos. Pero, por otro lado, hace afirmaciones que no se calzan con esta posición. Dice, por ejemplo, que no podemos llegar a fuentes inmediatas del saber, que las observaciones están acuñadas por interpretaciones sobre la base del conocimiento anterior, y que no es posible una verificación definitiva de las teorías.

Desde esta perspectiva no puede afirmarse contundentemente la existencia de una realidad objetiva ya acabada, puesto que nosotros no hemos pisado otro suelo que el de nuestras interpretaciones científicas a lo largo de la tradición crítica. Popper concibe la verdad como algo estático. Aunque no desconoce las dificultades de su propia posición, mantiene la idea de la *verdad como correspondencia* como un principio regulativo de la ciencia. Habermas ha esgrimido el argumento fundamental de que la verdad no admite grados comparativos, en tanto una afirmación es simplemente verdadera o no lo es. Y, si la verdad consistiera en la relación de correspondencia, las imágenes podrían ser más o menos adecuadas con el original. De acuerdo con ello, sería un contrasentido entender la ciencia como un conjunto de enunciados verdaderos y a la vez, hablar de un acercamiento progresivo de la ciencia a la verdad.

En *Conocimiento objetivo*, Popper dirá que nuestra preocupación principal en ciencia y filosofía es la búsqueda de la verdad. Para él, hay excelentes razones para poder decir que lo que pretendemos poder hacer en la ciencia es describir y, en cuanto sea posible, explicar la realidad. Al adoptar como el descubrimiento de verdades explicativas suscribe lo que se ha dado en llamar el ingrediente ontológico del realismo. En sentido estricto las teorías son verdaderas o falsas, independientemente de nosotros. El objetivo es la verdad, pero no existe un criterio de verdad ni síntomas de ésta. Uno podría preguntarse qué racionalidad puede haber en perseguir un objetivo cuya consecuencia no se puede reconocer. Este dilema se origina en la caracterización de la ciencia como una actividad racional cuyo objetivo es la verdad, siendo la posesión de la verdad algo irreconocible. El primer movimiento de Popper es revisar su descripción del objetivo.

De esta forma nos presenta a cambio lo que repetidas veces ha dado en llamar un objetivo más modesto y más realista. La meta ya no es la verdad misma, es, en cambio, el incremento de la verosimilitud. Para él, el concepto de experiencia, como elemento de una teoría del conocimiento, es inseparable de su referencia inmediata y su complemento el concepto de teoría. El problema del conocimiento hay que interpretarlo como problema de la relación recíproca entre las teorías sobre hechos de experiencia, teniendo en cuenta que por hechos de experiencia se entiende aquellos acontecimientos repetibles mediante términos unívocos (procedimientos o técnicas de experimentación regulados) que constituyen el armazón conceptual de la teoría (y de las reglas técnicas que de la teoría se derivan). Hay muchos mundos teóricos posibles con una estructura lógica similar. De todos, tiene que haber alguno que represente el mundo de nuestra experiencia, que represente lo que llamamos ciencia empírica. Por lo tanto, delimitar lo que entendemos por ciencia es en último término definir lo que entendemos por experiencia. Así, puede decir Popper que la teoría del conocimiento es una teoría de lo que normalmente se llama experiencia.[3]

La experiencia no consiste en la acumulación mecánica de observaciones; la experiencia es creadora, es resultado de interpretaciones libres, audaces y suscitadoras. Los datos aparentes de la experiencia son siempre interpretaciones a la luz de teorías, teniendo un carácter hipotético o conjetural. "Las observaciones, y más aún los enunciados observacionales y los enunciados de resultados experimentales, son siempre *interpretaciones* de los hechos observados; son interpretaciones a la luz de las teorías".[4] Antes bien, mundo de nuestra experiencia y mundo real son la misma cosa, de forma que el problema de la demarcación es delimitar qué entendemos por *realidad*. Para Popper, "en la medida en que un enunciado científico habla acerca de la realidad tiene que ser falsable, y en la medida en que no es falsable, no habla acerca de la realidad".[5] Esto supone la ecuación: enunciado científico=enunciado que habla de la realidad. Y como el problema de la demarcación es saber qué es hablar de la realidad, en última instancia es saber qué entendemos por realidad.

---

[3] K. Popper, *La lógica de la investigación científica*, Madrid, Tecnos, 1963, pp. 38-39.

[4] *Ibid.*, p. 57.

[5] *Ibid.*, p. 39.

Esta complicación es un auténtico problema filosófico, un problema de interpretación del mundo y de nuestra experiencia de éste.

> El problema que traté de resolver al proponer el criterio de refutabilidad (como criterio de demarcación) no fue un problema de sentido o de significación, ni un problema de verdad o aceptabilidad, sino el de trazar una línea divisoria [...] entre los enunciados o sistemas de enunciados empíricos y todos los otros enunciados, sean de carácter religioso, metafísico o simplemente seudocientífico.[6]

Un sistema de pensamiento sólo será científico si realiza aseveraciones que puedan chocar con observaciones. Podemos contrastar una teoría científica aduciendo elementos de juicios a favor o en contra de la misma, en el intento de verificarla o falsarla. Popper sugiere que el segundo es el mejor procedimiento. Siempre se puede obtener alguna evidencia que sirva de confirmación para casi cualquier teoría, y la verificación —por lo tanto— no nos podrá nunca ayudar a decidir si debemos aceptarla o no. Además, las proposiciones universales, que es lo que son todas las proposiciones teóricas, no pueden ser nunca verificadas de forma concluyente, sin embargo, sí pueden ser falsadas definitivamente. Esto se debe a que no se las puede deducir aunque sí contradecir a partir de proposiciones particulares. Esto significa que de la verdad de una proposición singular podemos deducir la falsedad, mas no la verdad de una determinada proposición universal. Dado que éstas poseen dicha forma lógica, existe una asimetría entre la verificación y la falsación, y esta última constituye la única forma segura de contrastarla.

En palabras de Popper, la contrastabilidad equivale a la refutabilidad y, por tanto, puede servir igualmente como un criterio de demarcación, el cual no es absolutamente exacto, en cuanto la contrastabilidad es una cuestión de grado y los distintos tipos de teorías son contrastables en diferentes grados. Esto nos conduce a la tercera categoría de conocimeinto enunciada por Popper: la filosófica y metafísica. Popper denomina metafísicas a aquellas teorías que son absolutamente incontrastables. Esto no quiere decir, afirma Popper,

---

[6] K. Popper, *Conjeturas y refutaciones*, Buenos Aires, Paidós, 1967, p. 50.

que carezcan de significado, puesto que el criterio de demarcación no es un criterio de significación, sino de delineación. Supone únicamente que no son empíricas ni científicas. No significa tampoco que no sean discutibles: son susceptibles de críticas y aun se puede demostrar su falsedad, sólo que su crítica no puede adoptar la forma de la falsación o refutación.

En cuanto criterio para delimitar los enunciados científicos de los no científicos, el principio de falsabilidad debe dar razón de dos notas que, de acuerdo con Popper, definen la ciencia empírica: su carácter propiamente empírico y su carácter evolutivo. El primero implica dos propiedades de los enunciados científicos: que nos proporcionan información sobre la experiencia y que son capaces de explicarla. El carácter evolutivo implica también dos notas de los enunciados científicos: que tienen un carácter progresivo en tanto suponen un aumento real de nuestro conocimiento. Dado que el criterio de falsabilidad es fundamentalmente una norma metodológica que tiene que dar cuenta de estas notas que definen a los enunciados de la ciencia, la falsabilidad hará referencia, por una parte, a la estructura lógica de los enunciados científicos, y por otra, a los procedimientos metodológicos de la investigación científica que se utilizan para manejar enunciados científicos.

> Enunciado científico quiere decir, enunciado que afirma algo sobre la experiencia. La forma de saber si lo que dice un enunciado pertenece a la experiencia es contrastando el enunciado con la experiencia. La condición para que una teoría sea falsable consiste en que la clase de sus posibles falsadores (enunciados básicos) no sea una clase vacía.[7]

Una teoría científica no es directamente contrastable con la experiencia, ya que ésta es siempre individual y concreta, y la teoría es universal y abstracta. Contrastar una teoría con la experiencia supone deducir enunciados singulares a partir de ella y verificar en la práctica estos enunciados. Una vez hecho esto, puede suceder: 1) que los enunciados singulares sean refutados por la experiencia (en este caso la teoría queda también refutada o falsada), o 2) que los

---

[7] K. Popper, *La lógica de la investigación científica*, cit., p. 82.

enunciados singulares sean verificados por la experiencia (en este caso la teoría no queda verificada, sino sólo corroborada provisionalmente). Los enunciados básicos son enunciados singulares que se refieren a acontecimientos individuales irrepetibles; por lo tanto, son incapaces de ser objetivos si se los toma aisladamente. La ciencia tiene que procurar la máxima objetividad en sus enunciados, y ésta descansa en el hecho de que sus enunciados pueden contrastarse intersubjetivamente (contrastación intersubjetiva que no es sino un aspecto muy importante de la idea más general de la crítica intersubjetiva). Por esto, precisamente, la teoría no se refiere a individuos como tales, sino que para ser contrastable y falsable tiene que prohibir no sólo un acontecimiento, sino por lo menos un evento, y además este evento prohibido por la teoría, ha de ser observable.

La objetividad de los enunciados está en estrecha conexión con la construcción de teorías, con el empleo de hipótesis y enunciados universales. Sólo cuando se da la recurrencia de ciertos acontecimientos de acuerdo con reglas de regularidades —y así sucede con los experimentos repetibles— pueden contrastarse nuevas observaciones. El dominio de una experiencia repetible y constante ha sido entendido desde Francis Bacon como la condición de posibilidad para la objetividad de la ciencia, entendida como garantía de la intersubjetividad de los descubrimientos. Esta actitud responde al intento por eliminar metodológicamente la dimensión histórica de los objetos. Recuperar la historicidad del conocimiento humano no es otra cosa que reconocer la mediación que los prejuicios establecen con nuestra trama vital. Desde esta perspectiva, los prejuicios se constituyen como el horizonte de nuestra comprensión. Frente a la connotación negativa que este concepto adquirió con la Ilustración, hay que devolver a la comprensión su carácter prejudicial. Por la pretensión de autonomía, la razón consideró a los prejuicios como el residuo de una mentalidad no-ilustrada que impedía la autodeterminación racional.

El criterio de falsabilidad —en cuanto hace referencia solamente a la estructura lógica de los enunciados teóricos de la ciencia empírica y a su relación con respecto de los enunciados singulares que se afirman como hechos de experiencia— no tiene, por sí mismo, relevancia epistemológica, si no es en función de una decisión

metodológica que considera relevante para la epistemología únicamente la forma lógica de los enunciados científicos, y en considerar
como científicos sólo aquellos enunciados que sean refutables por
enunciados singulares. El criterio de falsabilidad no supone por lo
tanto ningún fundamento lógico para la concepción popperiana de
la ciencia; constituye un índice de los rasgos de dicha concepción.
Tal presupuesto se hace evidente cuando se trata de explicitar el
modo en el que la contrastación empírica de la teoría se lleva a cabo
mediante la metodología de la falsación. Pero, al hacer esto, observamos una contradicción en su epistemología.

Popper se había propuesto inicialmente la falsabilidad como criterio de demarcación para sustituir los criterios inductivos, en
cuanto no era posible que la contrastación de una teoría con la experiencia se llevara a cabo particularmente. Se había propuesto la
falsabilidad como un criterio negativo de validación empírica de la
teoría frente al criterio verificacionista, porque era imposible verificar un enunciado teórico en la medida que éste es estrictamente
universal, mientras que los enunciados de hecho son estrictamente
singulares. Sin embargo, al precisar el método de contrastación falsacionista, nos encontramos con la dificultad de que los enunciados
singulares expresan acontecimientos irrepetibles de la experiencia
individual.

Desde un punto de vista lógico pueden refutar un enunciado
universal; desde un punto de vista epistemológico, esta función sólo
la cumplen en la medida en que ellos sean susceptibles de control
objetivo, en la medida en que podemos garantizar también de alguna manera el carácter empírico objetivo de tales enunciados de contraste. Pero desde esta perspectiva resulta que los enunciados que
realmente nos interesan para la contrastación no son propiamente
los enunciados singulares, sino las hipótesis legales que permiten
deducir efectos reproducibles y, por lo tanto, controlables empíri-
camente. Al mismo tiempo observamos que el proceso de contrastación falsadora exige un momento verificador de una hipótesis
contraria a la que falsamos y que, por lo tanto, no hay, propiamente
hablando, una falsación estricta de la teoría por los enunciados singulares, sino una falsación de una hipótesis en la medida en que se
da una verificación de otra. Popper se defiende aduciendo:

En la mayoría de los casos, antes de falsar una hipótesis tenemos ya otra dispuesta para sacárnosla de la manga, pues el experimento falsador suele ser el experimento crucial, planeado de modo que nos permita decidir entre las dos: lo que quiere decir que dicho experimento nos ha sido sugerido por el hecho de que las dos hipótesis difieren en ciertos respectos y que utiliza tales referencias para refutar al menos una de ellas.[8]

Según esto, la afirmación de que aceptamos enunciados básicos en el curso de un proceso de selección de teorías habrá que entenderla en el sentido de que aceptamos enunciados básicos ante la situación de tener que decidir entre dos teorías en el curso de un proceso de selección de teorías en competencia. Es esta misma idea de la competencia entre teorías la que habrá de ser decidida por un experimento crucial. Empero, ahora resulta imposible un experimento crucial. No porque el diseño sea demasiado complejo o demasiado caro, se debe a que no existe un enunciado universal, universalmente aceptado, susceptible de mostrar lo que surge a partir de la observación. Si en un primer momento la falsabilidad se proponía como garantía del carácter empírico de los enunciados teóricos por la posibilidad que tenían de ser refutados por enunciados singulares de hechos de experiencia, ahora resulta que esta posibilidad sólo se da en la medida en que los enunciados singulares actúan como principio de selección entre dos teorías. Con esto quiere decir que dado un par de teorías rivales, debemos optar por la que esté más cerca de la verdad.

Para Popper hemos de ser guiados por el grado de corroboración de una teoría, entendiendo por éste un informe conciso que evalúe el estado de la discusión crítica de una teoría respecto del modo en que su grado de contrastabilidad resuelve sus problemas. En este informe deberá incluirse el rigor de las contrastaciones a las que ha sido sometida y cómo ha salido de ellas. La corroboración, entonces, es un informe evaluativo de su rendimiento pasado, y debe subrayarse que ésta no corresponde a la proyección futura.

Resumiendo: a veces podemos decir de dos teorías rivales, A y B, que A es preferible o está mejor corroborada que la teoría B —a

---

[8] *Ibid.*, p. 83.

la luz del estado de la discusión crítica en el momento y de la evidencia empírica (enunciados contrastadores) que tengamos a mano para la discusión—. Es obvio que el grado de corroboración en el momento no dice nada acerca del futuro, por ejemplo, o del grado de corroboración de un tiempo posterior. Se trata simplemente de un informe acerca del estado en un tiempo de la discusión concerniente a la preferencia lógica y empírica de las teorías rivales.

Si la corroboración no se proyecta al futuro, es difícil ver por qué la mayor corroboración de una teoría A sobre otra teoría B tiene que ser la razón por la cual prefiramos la teoría A o la B. Puesto que al seleccionar entre A y B queremos hacerlo sobre la base de la evidencia disponible por parte de aquella teoría que nos proveerá de un mayor poder explicativo y predictivo en ocasiones futuras. Si la corroboración no conlleva implicaciones futuras, no puede ser una guía para la elección de teorías. Desde un punto de vista lógico, la corroboración de una teoría depende de ciertos enunciados básicos que se aceptan o se rechazan en virtud de nuestras decisiones. Las decisiones, las que determinan el destino de una teoría, serían entonces

> Desde un punto de vista lógico, el contraste de una teoría depende de ciertos enunciados básicos, que, a su vez, se aceptan o se rechazan en virtud de nuestras decisiones. Así, pues, son las decisiones las que determinan el destino de las teorías. Teniendo en cuenta esto, mi respuesta a la pregunta sobre cómo escogemos una teoría se parece a la del convencionalista y; como él, digo, que la elección viene determinada, en parte, por consideraciones de utilidad. Ello no obstante, hay una enorme diferencia entre sus opiniones y las mías, pues yo mantengo que lo que caracteriza al método científico es precisamente lo siguiente: que la convención o decisión no determina inmediatamente que aceptemos ciertos enunciados universales, sino que, por el contrario incide en nuestra aceptación de los enunciados particulares (esto es, de los enunciados básicos).[9]

Indudablemente, las formas de eludir el convencionalismo es no utilizar sus métodos teóricos. El *decisionismo metodológico* de Popper es gráfico en esa dirección. El racionalismo crítico popperiano su-

---

[9] *Ibid.*, p. 104.

pone adoptar un conjunto de reglas metodológicas que tienen entre sus objetivos medulares el incremento de la información de las teorías científicas mediante la búsqueda de falsadores potenciales. Debe comportarse como un *advocatus diaboli* cuya misión fundamental es someter a duras y celebérrimas pruebas (falsadores potenciales) la teoría para contrastar, mediante la coacción no violenta, la cientificidad de la misma. El filtro procesual garantiza que no figure ninguna falsa teoría en el altar de la ciencia y nos permita ahorrar los simulacros diabólicos. La adopción del decisionismo metodológico se presenta como un irracionalismo a lo interno del racionalismo crítico popperiano. Dicho en términos rigurosos, no deben considerarse verdaderos o falsos los enunciados con independencia de nuestras decisiones.

Popper suscribe la *teoría de la verdad como correspondencia*, vista a través de Alfred Tarski, como criterio normativo de verosimilitud, y llama ingenuamente la atención sobre el hecho de que para él es imposible fundamentar los enunciados básicos. Se trata de decidir si se acepta o no un determinado enunciado básico. En cualquier circunstancia, ésta es una clase de enunciados cuya pertenencia se determina sobre una decisión no fundamentada.[10] La afirmación de un decisionismo metodológico es desconcertante en tanto es plausible que los investigadores no valoren los datos de la misma manera, y esto, en el campo de la ciencia, es una cuestión que remite a la intrínseca rigurosidad científica.

En todo caso, la selección de diferencias a lo interno de un campo científico en torno a datos, hechos y observación puede exigir algo más que un simple gesto en la comparación de hechos observables. Puede exigir una nueva valoración general del mismo campo de estudio. En fin, puede conducir a una nueva Gestalt del campo científico particular donde opera esta diferencia. En sentido lato, el simple hecho de ver es en realidad una empresa cargada de teoría. La observación de x se ve condicionada por el conocimiento

---

[10] Cuestión que resulta una arbitrariedad, pues el criterio de demarcación de Popper conlleva una desvalorización gnoseológica de ciertas parcelas del campo de conocimiento, en especial las obras de Marx, Freud y Adler se ven afectadas por no ajustarse a la metodología falsacionista que él propone.

anterior de *x*. La observación se ve también influenciada por el lenguaje o por la notación utilizada para expresar lo que sabemos, sin las cuales reconoceríamos bien poco del conocimiento. Nuestros términos descriptivos y observacionales están cargados de teorías. Es decir, los aplicamos a la luz de las teorías y de las leyes que aceptamos.

LA OBJETIVIDAD COMO TERCER MUNDO

El 27 de agosto de 1967 Popper presenta en el Tercer Congreso Internacional de Lógica, Metodología y Filosofía de la ciencia, celebrado en Ámsterdam, su ponencia "Epistemología sin sujeto cognoscente". Para quienes estaban habituados a seguir el pensamiento de Popper en sus tradicionales posturas sobre Platón y Hegel, la fórmula de esta ponencia resultó sin duda sorprendente. Popper en sus primeros escritos fue un acérrimo crítico de estos dos autores, enemigo de su estilo intelectual, al que definió como intuicionismo intelectual. Sin embargo, hay un énfasis especial en la relación entre epistemología y biología. Con su nueva concepción, Popper no abandona el racionalismo crítico sino que lo eleva a un tercer mundo. Esta ponencia pasó a ser parte de su libro *Conocimiento Objetivo*. Aquí propone la siguiente distinción:

> Sin tomar las palabras mundo o universo muy en serio, podemos distinguir los siguientes tres mundos o universos: el primero el mundo de los objetos físicos; segundo el mundo de los estados de conciencia o de los estados mentales, o quizás de las disposiciones conductuales para actuar; y tercero el mundo de los contenidos objetivos del pensamiento especialmente del pensamiento científico y poéticos de las obras de arte.[11]

Al afirmar la existencia objetiva de este tercer mundo (al que, en particular, pertenecerían las leyes y teorías científicas) se va a mostrar contrario a toda forma de convencionalismo e igualmente a las

---

[11] K. Popper, *Conocimiento objetivo*, Madrid, Tecnos, 1988, p. 106.

concepciones como entidades lingüísticas como estados mentales subjetivos o como disposiciones para la acción. Su metodología de la ciencia adquiere con ello una vertiente ontológica. La epistemología, según Popper, debe ocuparse del conocimiento científico que él concibe sin sujeto cognoscente. No existe sujeto cognoscente en tanto éste refleja la realidad que lo preexiste a él. La tesis del tercer mundo, y por consiguiente de la existencia objetiva de las teorías científicas, está relacionada a su propuesta de una epistemología sin sujeto. En lugar de centrarse en las creencias del científico o en la singularidad de sus invenciones, el epistemólogo debe investigar los problemas, las conjeturas, los libros y las revistas científicas. En la ilustración popperiana de dicho tercer mundo son las librerías y las bibliotecas, así como los laboratorios y los experimentos científicos, donde tiene lugar la investigación científica. Para Popper aunque nosotros actuemos continuamente sobre ese tercer mundo modificándolo y corrigiéndolo, es sin embargo, considerablemente autónomo. En efecto, este tercer mundo es un producto natural del animal humano, comparable a la tela de arañas, y son esos objetivos culturales creados por los hombres los que constituyen exclusivamente el ámbito de la objetividad del conocimiento. "Nosotros operamos con estos objetos como si fueran objetos físicos."[12] En una palabra, la naturaleza no hace sino proporcionarnos pretextos para crear objetos que ya no pertenecen a ella, pero que son los únicos objetos de conocimientos.

Estos problemas son claramente autónomos. No son creados por nosotros en modo alguno, sino que más bien lo descubrimos, y en este sentido existen ya antes de que los descubramos. Es más, puede que algunos de estos problemas sean irresolubles. Para resolver estos problemas quizá inventemos nuevas teorías. Estas teorías son a su vez creadas por nosotros son producto de nuestro pensamiento crítico y creador, asistido en muy buena medida por otras teorías existentes del tercer mundo. Una vez que hemos producido estas teorías generan de inmediatos nuevos problemas, inesperados y no buscados problemas autónomos que tienen que ser descubiertos. Esto explica por qué el

---

[12] *Ibid.*, p. 163.

tercer mundo que genéticamente es una producción nuestra, es, sin embargo, autónomo.[13]

Para Popper empezamos siempre con teorías los hechos están impregnados de teorías.

Nuestros órganos sensoriales llevan incorporados muchos y sutiles mecanismos de codificación e interpretación, es decir, adaptaciones, o teorías. Consecuencia de todo esto es que no existen datos sensoriales visuales que no sean interpretados, no existen sensaciones o elementos en el sentido de Mach, todo lo que no es dado esta ya interpretado, decodificado.[14]

El tercer mundo es entre otras cosas el mundo de las teorías de los hechos generados a través de ellas. La objetividad será posible porque tanto teorías como hechos pertenecen a tal mundo de la objetividad. El sujeto queda así controlado como productor del conocimiento mediante este definitivo instrumento. Popper afirma: "De allí que no sea posible interpretar el tercer mundo como mera expresión del segundo ni el segundo como simple reflejo del tercero".[15] El conocimiento no es una construcción subjetiva ni es el resultado de un convencionalismo oportunista, sino que resulta de esa presión objetiva que la realidad exterior ejerce a través de una serie compleja de controles de retroalimentación sobre el organismo en cuestión. La selección natural irremisiblemente condena a la desaparición a cualquier especie (en este caso teorías) cuyos mecanismos de percepción no hayan sido construidos bajo la presión de tales controles.

La selección natural, es decir la acción del ecosistema sobre los organismos, vendría a ser así como una fase crítica o eliminadora de las malas teorías que los organismos establecen sobre la realidad. Mediante la selección natural se eliminan todo aquellos organismos que han creado mecanismos subjetivistas de selección que no corresponden a la

---

[13] *Ibid.*, pp. 180-181.
[14] K. Popper, *Búsqueda sin término*, Madrid, Tecnos, 1988, p. 186.
[15] *Id.*, *Conocimiento objetivo*, cit., p. 168.

realidad del ambiente. Sólo aquellos organismos que han desarrollados órganos de la percepción, órganos vicarios que sustituyen el precario reconocimiento locomotor y que permitan al mismo tiempo, una selección adecuada, es decir objetiva de la variedad ambiental pueden resistir la presión selectiva del ecosistema y sobrevivir. En este proceso interviene tanto la iniciativa del individuo selecto de variedad como la cuchilla de la selección natural.[16]

La tarea de Popper consiste en establecer las bases de un nuevo idealismo para el cual existen las condiciones biológicas[17] que posibilitan la aparición de las entidades ideales. Sin embargo, éstas escapan pronto al control de sus creadores, ya que son teorías intelectuales en un mundo físico producidas por espíritus subjetivos, bases ambas sobre las que difícilmente puede establecer Popper condiciones de objetividad. En el combate de las ideas, éstas llevan por sí mismas el peso de modo tal que el sujeto queda reducido al aprendiz de brujo que convoca fuerzas que no puede controlar para finalmente disolverse como sujeto. Pero ésta no es solamente una cuestión especulativa. En la base de todo está el intento por aplicar esquemas de la racionalidad formal al ser humano, de separar cada vez más enérgicamente al sujeto del conocimiento del humano y transformarlo en un sujeto puramente formal. El resultado de tal intento es la renuncia al ejercicio de una dirección sobre sí mismo y sobre la sociedad. Lo que en el ser humano es racional se convierte en objeto de pura contemplación. Incluso frente a sí mismo no puede más que contemplar lo que resulta determinado por una combinatoria abstracta.

La negación sistemática de la historicidad abstrayendo la lógica de la investigación científica de su contexto de producción se convierte en una constante en el pensamiento de Popper. El sentido de

---

[16] *Ibid.*, p. 140.

[17] "En el corazón de la teoría socio biológica vemos inscribirse la ideología de la sociedad occidental: afirmación de su carácter natural, la reivindicación de su carácter ineluctable [...]. Nosotros somos aparentes prisioneros de ese perpetuo ir y venir entre la culturización de la naturaleza y la naturalización de la cultura" (M. Sahlins, *Uso y abuso de la biología*, Madrid, Siglo xxi, p. 137).

los pensamientos y expresiones del individuo debe ser tomado sin tener en cuenta las circunstancias en las cuales fue producido su nacimiento. El origen en el tercer mundo se hace autónomo de un modo ontológico, pero aquí, la clave para la petición de un estatus de autonomía ontológica consiste en conciliar el origen humano de los conocimientos y la salvaguarda de los mismos frente al psicologismo que tanto horroriza a Popper. Los problemas y teorías se hacen independientes del pensamiento humano porque la verdad sobre ellos no debe ser subjetiva. Por el contrario, debe descansar sobre su misma existencia y en su coherencia lógica. Debe ser sujeto de su propio desarrollo autónomo el conocimiento objetivo es indispensable en la creencia del sujeto, o de su disposición a asentir, aceptar o actuar. Con ello se crea un nuevo tipo de realidad mediante la exteriorización lingüística de la creencia humana, un tercer mundo que almacena toda y la única realidad posible, de la que puede dar cuenta el hombre, que es su propio creador.

El descubrimiento es algo central en las concepciones comunes a la ciencia. Generalmente se entiende que los nuevos descubrimientos lo son de objetos, eventos o procesos sobre los que no existía conocimiento previo, y se piensa que la ciencia es el marco social en el que tienen más posibilidades de suceder, en tanto se cree que la ciencia cuenta con los procedimientos más fiables y eficientes para generar nuevos conocimientos. La metáfora del descubrimiento científico, la idea de descubrir la realidad y revelar algo que había estado siempre ahí, está relacionada con apartar lo que cubre a la cosa y exponerla tal cual es; correr las cortinas que ocultan los hechos. Lo que resulta crucial aquí es la existencia previa del objeto descubierto. El presupuesto central del descubrimiento es que el objeto descubierto antecede al propio descubrimiento, y goza de existencia antes de que el científico llegue a él. Esta ontología nos muestra los objetos como algo fijo, mientras considera a los agentes del descubrimiento como meramente transitorios.

El mundo no habla, sólo nosotros lo hacemos. Una vez que nos hemos ajustado al programa de un lenguaje, el mundo puede hacer que sostengamos determinadas creencias, pero no puede proponernos un lenguaje, para que nosotros lo hablemos. Es sabido que aun la más simple y gratuita inversión del sentido de un término o de un problema nos lleva a reorganizar su contexto de un modo nuevo; nos obliga, sobre todo, a romper y cambiar los esquemas en los que la inercia del planteamiento o del lenguaje mismo nos permitían vivir acolchados, repitiendo los términos en lugar de pensarlos. Con ello Popper elabora su control más poderoso contra el sujeto (y en especial los fines valores), ya que la independencia del conocimiento en su relación con los productos psicológicos del sujeto no se comprende plenamente más que si se admite no sólo que la verdad de una teoría no depende de las creencias individuales, sino que la realidad de una teoría es distinta de la del pensamiento que la ha creado y la comprende. Es así en el nivel ontológico donde se fundamenta la objetividad en Popper. Como máximo, podría afirmarse que el tercer mundo es histórico en su formación, pero que deviene ontológico una vez que alcanza su independencia con respecto de sus creadores.

La autonomía del tercer mundo no es en realidad sino una extrapolación metafísica de la renuncia positivista a la explicación del proceso de conocimiento, renuncia que tiene su expresión más característica en la defensa de una epistemología objetiva que, al aparecer, no necesita presupuesto psicológico alguno. Para Popper el conocimiento consiste esencialmente en artefactos exosomáticos, y a la manera de los productos de la actividad animal, mediante los cuales el organismo se adapta al medio, como pueden ser los nidos de los pájaros, pero sobre todo a la manera de los productos no queridos de esta actividad. "El tercer mundo es (unido al lenguaje humano) un producto de los hombres, exactamente lo mismo que la miel es un producto de las abejas: como el lenguaje (y como la miel) es un producto no buscado —y por ello, no planeado— de la acción humana".[18] Esto permite a Popper explicar la autonomía del tercer mundo a partir de este carácter no querido de los productos del lenguaje humano, y asimismo le permite poner en relación este fenómeno con el fenómeno más general de las consecuencias no queridas de toda acción en el seno de una sociedad. Pues tal empresa le está prohibida desde el momento en que no es capaz de pensar la realidad social sino en términos de la interrelación de individuos autónomos, auténticos

---

[18] K. Popper, *Conocimiento objetivo*, cit., pp. 208-209.

átomos ininteligibles sobre los que se asienta —en último término, como producto no querido— la organización social.

La creación de la teoría de los tres mundos, su radical autonomía respecto al sujeto, obedece principalmente al exacerbado anti-psicologismo de Popper. La única manera de salvar la especificad de su concepción de la ciencia es condicionándolo a una ontología perteneciente al idealismo objetivo. Dice Popper que lo que denomina tercer mundo tiene mucho que ver, como es obvio, con la teoría de las formas o ideas de Platón, y, por lo tanto, con el espíritu objetivo de Hegel. No obstante, el evolucionismo de Popper no le permite aceptar la existencia de esas ideas creadas o como pertenecientes a una inteligencia superior por encima de la especie humana. Pero una vez creadas las ideas como entidades registrables, éstas acaban siendo tan autónomas como en Platón y Hegel. Popper no resuelve siquiera los problemas que evita y niega. La autonomía del tercer mundo con respecto del hombre convierte a la ciencia en una empresa pretendidamente neutral, obviando u omitiendo cualquier discusión acerca de los valores y la finalidad humana. La ciencia es estimada únicamente en su faz de producto elaborado, el cual convierte a la ciencia en una verdadera religión, la autonomiza de los medios de su producción científica y la desentiende de las demandas ideológicas que rodean a la creación científica, aspectos que sólo bajo obnubilación cientificista pueden obviarse.

Hacia fines del siglo pasado, Ernst Mach declaraba que los principios fundamentales de la mecánica, más que estructuras lógicamente evidentes, eran en realidad concepciones involuntarias e instintivas formadas en el curso de una experiencia pre-científica, inmediata y de una práctica de la vida común. En la cumbre de las construcciones científicas, Mach no divisaba evidencias racionales regidas por la necesidad en condiciones de esclarecer la inteligibilidad de los principios de las ciencias físicas. Salía de ellas profundamente transformada la escena misma en que eran representadas las explicaciones de los fenómenos naturales, porque estos últimos no tenían ya la misión de reducir lo ininteligible a lo inteligible, sino de reducir las ininteligibilidades no comunes a las ininteligibilidades comunes. En este sentido, la admisión de hechos que será permitido clasificar como originarios y básicos dependerá del modo en que los hombres viven y piensan, y no ya de una especie de inexorabilidad lógica.

El conocimiento no progresa de acuerdo a cánones establecidos *a priori* como la metodología popperiana pretende. "A lo largo del desarrollo de la ciencia, se han quebrantado reglas metodológicas (objetividad), ampliamente difundidas y que además, si se tiene en cuenta la situación histórica, tuvieron que ser quebrantadas".[19] El cambio científico es un cambio de esquemas clasificatorios que estallan por una indebida reificación de los mismos. No existe un algoritmo neutral para la elección de teorías, no hay ningún procedimiento sistemático de decisión que, aplicado adecuadamente, deba conducir a una misma conclusión. Esto explica, por ejemplo, que dos hombres totalmente adheridos al mismo criterio de decisión pueden sin embargo, llegar a diferentes conclusiones.

> Para objetivos distintos y bajo condiciones de realización distinta, se precisan métodos diferentes. Cuando el objetivo no está definido de una manera fija no es en absoluto evidente qué procedimiento se debe emplear. Un científico y que en esto es semejante a cualquiera que esté ocupado en la resolución de problemas, no es un niño que tuviera que esperar a que el papá metodólogo le ponga a su disposición algunas reglas [...]. Si en las ciencias puede aparecer cualquier forma de razón, está claro que ya no se puede considerar por más tiempo que la ciencia implica una forma especial de racionalidad.[20]

La historia de la ciencia nos lo confirma:

> A partir del análisis de Bohr del caso de Einstein, Podolski, Rosen, sabemos que se dan cambios que no son el resultado de una interacción causal entre el objeto y el observador, sino un cambio en las condiciones mismas, que nos permiten hablar de objetos, situaciones o acontecimientos. Apelamos a esta última clase de cambios cuando decimos que un cambio de principios universales ocasiona un cambio en la totalidad del mundo. Al hablar de esta forma no suponemos ya un mundo

---

[19] P. Feyerabend, *¿Por qué no Platón?*, Madrid, Tecnos, 1985, p. 95.
[20] *Ibid.*, p. 105.

objetivo que no resulta afectado con nuestras actividades epistémicas, excepto cuando nos movemos dentro de los márgenes de un punto de vista particular. Admitimos que nuestras actividades epistémicas pueden ejercer una influencia decisiva sobre las piezas más sólidas del aparato cosmológico; pueden hacer que los dioses desaparezcan y sustituirlos por montones de átomos en el vacío.[21]

Uno de los ejemplos clásicos de subsunción es el de la mecánica clásica de Newton, que, se decía a menudo, es un caso límite dentro de la mecánica relativista de Einstein. Feyerabend ha argüido de manera convincente que los conceptos de la mecánica newtoniana no son expresables en la teoría de la relatividad. Al mismo tiempo, tiene que destacarse que no todo bosquejo de teoría conduce a la inconmensurabilidad. Feyerabend llegó a analizar estos problemas a partir de su insatisfacción con la escuela de Copenhague en su explicación de la mecánica cuántica, aunque ésta insistió que aunque se precisaba una nueva teoría para describir sucesos microscópicos como casos límites. Feyerabend llegó a pensar que ese principio de correspondencia constituye una absurda limitación a la investigación. ¿Por qué la nueva teoría debe decir lo mismo que la vieja cuando hablan acerca del mismo dominio? ¿No debe decir algo nuevo, quizá incompatible con lo viejo, puesto que surge de una visión más profunda? Hoy en día se lleva tan lejos la primacía del método que con mucho puede plantarse aquellos problemas de investigación que pueden resolverse con los medios del aparato disponible.

La primacía del método es la primacía de la organización. La disponibilidad de los conocimientos mediante el orden lógico-clasificatorio se convierte en su propio criterio. Lo que no encuadra en él sólo aparece al margen, como un dato que espera su lugar y que, en la medida en que no lo encuentra, es desechado. Drásticamente, el pensamiento es confiado por entero al control de la organización social mediante el hecho de que, por principio, toda manifestación científica debe ser comprobada por todo científico especializado sin importar sus dotes intelectuales, y toda realización intelectual debe

---

[21] P. Feyerabend, *La ciencia en una sociedad libre*, Madrid, Siglo xxi, p. 79.

ser nuevamente ejecutable por parte de cualquier otro. Para ser tolerado, el conocimiento debe exhibir un documento de identidad, la evidencia que no se busca en su propio contenido ni en el desarrollo de éste, sino en el sello de una remisión de datos futuros. Así, el conocimiento no permanece junto a su objeto para tornarlo accesible.

En realidad, no es éste su objetivo: sólo lo hace descender a mera función del esquema con el que lo reviste soberanamente. Cuanto más objetivo y depurado de toda ilusión del observador es el modo en que se presenta, tanto más subjetivo se torna en la totalidad del procedimiento. Cuanto más abstracto y aislado se halle el terreno científico, tanto mayores son la tentativa y la presteza a hipostasiarlo. El impulso a excluir no conoce otro límite que la posibilidad de la propia ciencia, cuyo proceder en la demarcación metodológica ha sido ascendido a principio metafísico. En ello se asemeja profundísimamente a la resignación kantiana: lo que se convierte en cuestión no es si la ciencia es posible, sino cómo lo es, y toda otra interrogante queda estigmatizada como especulación infundada. El ideal conservado de la ciencia que alguna vez ayudó a la filosofía a liberarse de las ataduras teológicas se ha convertido en el ínterin, en una ciencia que prohíbe pensar el pensamiento. La metodología popperiana desarrolla un criterio entre ciencia y no-ciencia que es una norma metodológica, más que una simple reflexión.

> Esta metodología establece un límite de cientificidad que nada puede trascender y que tiene validez en sí mismo. Para que Popper pueda aceptar un argumento como científico, éste tiene que haber aceptado previamente su metodología; si no la acepta, demuestra, por el hecho de no aceptarlo, que no es científica.[22]

Si, ateniéndonos a estas reglas metodológicas iniciáramos la discusión y, por casualidad, llegáramos a la conclusión de que tales reglas deben ser rechazadas, inmediatamente nos colocaríamos fuera de la racionalidad y nuestras conclusiones no serían válidas. ¿En qué forma un modelo epistemológico deja de ser un excitante logro del análisis creativo para convertirse en la cosa más obvia del mun-

---

[22] F. Hinkelammert, *Crítica de la razón utópica*, cit., p. 220.

do? ¿Cómo se media al olvido? Ello acontece porque el modelo pasa a ser el principio organizador de un amplio sector de las prácticas mediante las cuales pensamos, actuamos y mantenemos trato con el mundo. En este caso el modelo se insertó en nuestra manera de cultivar la ciencia natural, en nuestra tecnología, en las formas predominantes como organizamos la vida política, también en muchos de los modos en que curamos, reglamentamos y organizamos a los hombres en la sociedad. Ésa es la forma en que el modelo pudo alcanzar el nivel indiscutible presupuesto de fondo. Lo que organiza y da sentido a una parte tan grande en nuestra vida no puede sino aparecer incuestionable a primera vista, y como algo para lo cual es difícil incluso concebir una alternativa.

Ciertamente, éstos nunca son monolitos, pero en una sociedad y en un momento dado, las interpretaciones y las prácticas dominantes pueden estar vinculadas de esta forma con un modelo determinado que está siendo constantemente proyectado por sus miembros como el modo en que las cosas son manifiestamente. Creo que tal es el caso del modelo epistemológico, y ello tanto directamente como a través de su conexión con concepciones modernas, de gran influencia, acerca del individuo y de la libertad y dignidad. Pero si es así, entonces no es posible librarse del modelo sólo señalando una alternativa. Lo que se requiere es superar el presupuesto de que la imagen establecida es la única que puede concebirse. Pero para hacerlo, debemos tomar una nueva posición respecto de nuestras prácticas. En lugar de vivir en ellas y tomar la versión de las cosas implícita en ellas como el modo en que las cosas son, tenemos que comprender cómo han llegado esas prácticas a la existencia, cómo llegaron a encerrar una determinada visión de las cosas.

En otras palabras: para anular el olvido debemos explicarnos a nosotros mismos cómo ocurrió, llegar a saber de qué modo una imagen fue deslizándose desde su carácter de descubrimiento al de presupuesto tácito, a la condición de hecho demasiado obvio para que se lo mencione. Pero ello representa una explicación genética, que restituya las formulaciones a través de las cuales tuvo lugar su fijación en la práctica. Librarnos del presupuesto del carácter único del modelo exige que pongamos al descubierto los orígenes. Conocimiento y emancipación han de converger para formar un todo.

En esta dirección, una teoría social y política crítica tiene que ser crítica ideológica y teorizar acerca de los problemas sistémicos sociales y de sus soluciones posibles. La dificultad no reside en que la teoría deba persuadir a los potenciales protagonistas de la revolución, sino en que debe generar un conocimiento acerca de las estructuras sociales y de su posible transformación.

EL RACIONALISMO CRÍTICO COMO ARQUITECTURA

El racionalismo constituye una actitud de razonabilidad. Popper utiliza el término de esta manera en *La sociedad abierta* y en *Conjeturas y refutaciones*. Establece una identidad entre racionalidad y crítica. El descubrimiento de un nuevo problema científico es el resultado de la crítica. Popper lo llama racional en un sentido objetivo y se corresponde con su concepción del tercer mundo. También lo utiliza en un sentido tecnológico y representa la capacidad de relacionar los medios con los fines. Ser racional supone tener en claro los objetivos y fines. Esta concepción de la racionalidad es la que lo lleva a analizar las acciones humanas a la luz de la lógica de las situaciones, y por ello define la razón de la siguiente manera:

> Utilizamos la palabra racionalismo para indicar, aproximadamente, una actitud que procura resolver la mayor cantidad de problemas recurriendo a la razón, es decir, al pensar claro y a la experiencia, más que a las emociones y a las pasiones [...]. Podríamos decir, entonces, que el racionalismo es una actitud en que predomina la disposición a escuchar argumentos críticos y a aprender de la experiencia.[23]

Básicamente, el racionalismo presupone la discusión, la buena disposición para aprender de los demás, una actitud de concesiones mutuas, la humildad intelectual, el reconocimiento de la falibilidad, el respeto hacia cada individuo como fuente potencial de argumentos e información razonable. En este caso, la conducta plenamente racional correspondería a lo que las personas harían si quisieran

---

[23] K. Popper, *La sociedad abierta y sus enemigos*, cit., p. 392.

hacer el mejor uso posible de toda la información que tienen a mano para la obtención de cualquiera de los fines que contemplen. Esta información corresponde al estado prevaleciente de la discusión científica crítica. La concepción popperiana de la racionalidad es fundamentalmente normativa. Define la actividad y el pensamiento racionales estableciendo un sistema de normas que hay que observar para pensar y actuar racionalmente. No nos dice cómo es el pensamiento racional sino cómo debe ser para que podamos considerarlo racional. Popper enfatiza:

> Llamamos verdadero racionalismo a la conciencia de las propias limitaciones; a la modestia intelectual de aquellos que saben con cuánta frecuencia yerran y hasta qué punto dependen de los demás aún para la posesión de este conocimiento; a la comprensión de que no debemos esperar demasiado de la razón, de que todo argumento raramente deja aclarado un problema, si bien es el único medio para aprender, no para ver claramente, pero sí para ver con mayor claridad que antes.[24]

A diferencia de los pensadores que ven la facultad humana de conocer, Popper la concibe como capacidad subjetiva de cálculo y adecuación de medios a un fin dado. Su concepción de la racionalidad lo lleva a cuestionar el intuicionismo intelectual caracterizándolo como un falso racionalismo, pero, sobre todo, a retomar la distinción entre humildad y orgullo, entre escepticismo moderado y escepticismo absoluto. Para él, la pretensión de conocimiento de la totalidad social descansa en una fe inmodesta en la superioridad de las capacidades intelectuales y en la pretensión de saber con certeza y autoridad. Tanto Popper como Hayek distinguen entre un racionalismo crítico y evolutivo y otro ingenuo y constructivista. Su cruzada cientificista es mostrar que el escepticismo absoluto, en cuanto racionalismo constructivista, descansa en supuestos carentes de justificación. El objetivo central es exponer la falsedad de una amplia gama de escuelas de pensamiento de tipo científico y político. Popper enfatiza:

---

[24] *Ibid.*, p. 395.

No hay ningún razonamiento lógico ni ninguna experiencia que pueda sancionar esta actitud racionalista, pues sólo aquellos que se hayan dispuestos a considerar el razonamiento o la experiencia, y que por lo tanto, ya ha adoptado esta actitud racionalista si se quiere que una argumentación o experiencia dada tenga eficacia, y esa actitud no podrá basarse, en consecuencia, ni en el razonamiento ni en la experiencia [...]. Nada fuerza nuestra elección. Somos libres de elegir cualquier forma de irracionalismo, aun la más radical o amplia. Pero también somos libres de elegir una forma crítica de racionalismo que admita francamente sus limitaciones [...]. La elección que tenemos ante nosotros no es simplemente una cuestión intelectual o de gusto: es una decisión moral.[25]

El racionalismo crítico[26] quiere mantener el modelo dingleriano de racionalidad analítica introduciendo la voz de la realidad como factor estructural del sistema. De acuerdo con esto, se define a sí mismo mediante tres afirmaciones fundamentales. Primera: La ciencia no puede contar con evidencias últimas y, por tanto, se desarrolla desde un terreno cuya firmeza ha de examinarse siempre de nuevo. Segunda: El método de la ciencia es la discusión crítica. Ésta exige que todos los enunciados se esclarezcan con argumentos racionales, y que todos los enunciados pueden refutarse por contradicción interna o por contradicción con los hechos. Tercera: Los enunciados y conceptos analíticos se acreditan en la realidad por su temple para resistir los intentos de falsación, pero no precisamente por su verificación positiva. En estas tres afirmaciones están implicados tácitamente dos presupuestos: La validez del principio de no-contradicción y el valor autónomo de los hechos para la falsación o corroboración de teorías. El racionalismo crítico no esclarece estos dos presupuestos y tiende a fijarlos como dos posiciones sustraídas a toda discusión, y, en definitiva, no logra responder a la pregunta de por qué ha de adoptarse su propia posición.

---

[25] *Ibid.*, pp. 398-399.

[26] Uno de los temas del Simposio de Burgos, organizado en torno a la obra de Popper en 1968, fue el de las relaciones entre su inicial falsacionismo y su racionalismo crítico posterior. Popper recalcó la idea de que las diferencias entre estos dos son fundamentalmente de hincapié.

La decisión de adoptar el racionalismo crítico —dice Popper— no es una decisión racional en sentido estricto; es la decisión misma de adoptar el racionalismo crítico la que crea la racionalidad y no puede decirse que una racionalidad previa lleve a adoptar esa posición. Sin embargo, a esta teoría de la racionalidad se le presenta una cierta paradoja en relación con el problema de la justificación de su propia filosofía: el fundamento de la crítica racional descansa en una previa decisión irracional que es la fe en la razón, en su decisionismo metodológico. Con otras palabras, el racionalismo no se puede justificar racionalmente. Igualmente, tampoco podemos con ayuda de argumentos y experiencias justificar concluyentemente la resolución personal de adoptar, digamos, una conducta determinada. En este sentido, la adopción de una actitud racionalista requiere también una decisión al respecto. También aquí el problema reside no en la elección entre saber y fe, sino únicamente en la elección entre dos tipos de fe. El racionalismo en el sentido popperiano exige tan sólo que el mayor número posible de individuos adopte una actitud racionalista. De acuerdo con ello, la racionalidad de la conducta es un valor que rechazamos o aceptamos a través de nuestra decisión. No obstante, al mismo tiempo puede demostrarse concluyentemente, según los mismos patrones, que la racionalidad es un medio para la realización de valores y en esta medida no puede situarse en el mismo nivel junto con los demás valores.

El concepto de razón que Popper presenta implica una estricta separación entre hechos y juicios de valor. Si además, como hace Popper, se deduce de este concepto una escala o patrón de la objetividad y racionalidad posible, sólo quede ya para los juicios de valor segregados al status de decisiones subjetivas e irracionales. El neoliberalismo se apoya en la creencia de que los objetos del conocimiento científico existen independientemente del marco epistemológico bajo el que se desarrolla la investigación de los mismos y sobre la suposición de que tal conocimiento está exento de valores. De acuerdo con esto, se entiende que la posibilidad de un uso técnico de las prescripciones científicas es una simple consecuencia externa al proceso de elaboración de las teorías en la medida en que el conocimiento objetivo hace posible el ejercicio de una actividad de control sobre la naturaleza. Adorno ha criticado la función identificante de la razón en virtud de la cual el desarrollo científico-técnico es asimilado al perfeccionamiento del hombre y la sociedad en cuanto tales.

Es más, dicha racionalidad ha conducido al estadio de la sociedad administrada, donde se trata de someter científicamente el cuerpo social a los fines que en forma cambiante emanan de los centros administrativos. En tal contexto, el postulado de la neutralidad valorativa no equivale a situarse con actitud teorética y desinteresada frente a la sociedad como objeto; constituye más bien una confirmación del interés social dominante. Popper experimenta serias dificultades al pronunciarse sobre el postulado de la neutralidad valorativa. Persigue ante todo una distinción nítida entre hechos y decisiones, entre leyes naturales y leyes normativas (incluidas las que se refieren a la sociedad), que describen puntualmente una estricta uniformidad empírica que como tal es invariable y no admite excepciones. Las leyes normativas expresan directrices para nuestra conducta. Las primeras son verdaderas o falsas, las segundas son buenas o malas, justas o injustas. Las leyes naturales están basadas en la naturaleza que se compone de una suma de hechos y uniformidades carentes de cualidades morales o inmorales. Las leyes normativas, por el contrario, se basan en decisiones humanas. Ambas esferas, la natural y la normativa, están estrictamente separadas en cuanto a que ante una ley natural no puede seguirse ninguna decisión.

En este contexto, parece estar bastante claro lo que significa neutralidad valorativa o, simplemente, la distinción entre conocer y valorar: el conocimiento describe regularidades objetivas de la naturaleza externa o de la sociedad que, al ser regulares, están despojadas de cualidades (no son buenas ni malas), puesto que no nos dictan normas sobre lo que debemos hacer. Las normas (los valores) obedecen a una decisión (irracional); sin embargo, en medio de esa sencillez aparente, en la distinción se presenta una dificultad grave para el racionalismo crítico. Éste no puede menos que reconocer que el conocimiento mismo se basa en una decisión: la de aceptar el principio de no-contradicción y el valor autónomo de los hechos como instancia de verificación o falsación. El conocer, en el sentido desarrollado por Popper, se basa en una decisión previa de tipo irracional que supone una fusión entre conocer y valorar, que es una distinción que intenta sostener el racionalismo crítico.

Popper reconoce el entrelazamiento de la investigación científica con problemas y valoraciones extra-científicas. Reconoce, asimismo, que la neutralidad valorativa constituye un valor que lleva consigo la elección del valor de la racionalidad, de la objetividad, de la verdad frente a otros valores. Insiste que el ideal de la neutralidad valorativa para la ciencia ha de esforzarse por diferenciar entre aquellos intereses que no pertenecen a la búsqueda de la verdad y el interés puramente científico por la verdad. Es primordial de la discusión científica combatir la confusión de esferas de valor excluyendo los valores extra-científicos de los problemas concernientes a la verdad. De cara a esta problemática, Jürgen Habermas, exponente de la segunda generación de la Escuela de Frankfurt, resalta la conexión de la moderna ciencia técnica con el movimiento burgués con la difusión de las relaciones de cambio. Con la mercantilización del mundo. El triunfo del proyecto de la modernidad en su vertiente técnico-instrumental implicó en adelante industrialización, urbanización, racionalización de las relaciones sociales de producción y una economía de mercado orientada por el crecimiento, la burocratización de los aparatos de Estado, sistemas políticos pluralistas, secularización y la caída de las religiones, creciente diferenciación de instituciones y roles sociales e individuación, esto es: la construcción y consolidación de individuos conscientes de sus posibilidades de elección.

La racionalización en tanto componente indispensable de la modernidad se convierte en un mecanismo espontáneo y necesario de modernización. Ésta es obra de la razón misma y, por tanto, sobre todo de la ciencia, de la tecnología y de la educación, y las políticas sociales de modernización no deben tener otro objetivo que liberar de obstáculos la ruta de la razón suprimiendo las reglamentaciones, las defensas corporativistas o las barreras aduaneras, creando la seguridad y la previsibilidad que necesita el empresario y formando gestores y operadores competentes y concienzudos. En este punto la racionalidad tecno-instrumental sigue en estricto el programa cartesiano. Antes al contrario, la ciencia moderna no va dirigida a discutir presupuestos ontológicos; tiende, más bien, hacia una disposición técnica de dominio sobre la naturaleza.

Y si la ciencia recae en un objetivismo, es porque hipostasia fuera del ser humano lo que en verdad es un medio para sus fines. El

intento de separar los valores y las cosas no lleva a elevar la ciencia
sobre la praxis de vida, sino que desemboca en una praxis limitada a
un interés cognoscitivo de tipo técnico. El valor de la racionalidad
medio-fin como tecnología independizada dicta el sistema de valores a toda la praxis. De allí también que la determinación de metas
prácticas de la aplicabilidad del conocimiento tenga que quedar estrictamente separadas de la ciencia como tal. Por más que se insista
en la separación estricta entre hechos y valor, es ella misma un valor, una forma de la razón decidida; *nolens volens*, toma partido por
una racionalización progresiva del mundo.

Es fundamental avanzar en la impugnación de la neutralidad valorativa bajo la perspectiva positivista de que en las ciencias sociales
sólo la elección de problemas, y no la metodología misma, depende
de valoraciones. Para Habermas, la manera humana de proceder es
la misma cuando se decide aceptar el método racional de la ciencia
que cuando se deciden normas. En ninguno de los dos casos se trata de una decisión irracional. Más bien, en ambos casos se decide
desde un fondo histórico acreditado (legitimado) que bajo muchos
aspectos anticipa siempre una inteligencia global de una racionalidad que es teórica y práctica a la vez. El decisionismo metodológico
popperiano adquiere la forma de una toma de partido a favor de la
racionalidad tecnológica. Desde esta perspectiva, no es en modo
alguno un análisis carente de valoraciones frente a la intelección
positivista. Hay, por el contrario, un modelo de comportamiento
racional según recomendaciones técnicas que adquiere una función
claramente normativa. En la actualidad se han vuelto indispensa-
bles las instrucciones obtenidas por la pericia social-técnica. Esto
tiene como consecuencia un cientificismo de la práctica estatal.

Las ciencias sociales a las que ahora se recurre ya no proceden de
una manera hermenéutica, sino analítica. En efecto, ofrecen medios
técnicos, recomendaciones administrativas y orientaciones organi-
zativas que fortalecen la racionalidad instrumental como horizonte
técnico del mundo moderno. En palabras de Jürgen Habermas, la
función ideológica que han asumido la ciencia y la técnica en la actualidad no se disuelve cambiando su curso de evolución, como si el
problema consistiera en que estas han tomado un camino equivoca-
do, sino situando a la razón técnico-científica en el marco de una

racionalidad más amplia capaz de reconducir la solución de los problemas prácticos a su nivel adecuado. Habermas sólo le objeta a la razón instrumental su aplicación a campos que no le son propios sin intención de orientar la técnica en su campo específico. Con ello desaprovecha la ocasión de cuestionar el postulado de la ilustración del dominio ilimitado sobre la naturaleza, censurando únicamente sus extralimitaciones. De esta forma, el desafío postula la reapropiación por parte de los sujetos sociales de la facultad de decidir su propio destino en una dimensión de lo colectivo que integre una nueva forma de responsabilidad frente a la vida como hecho global.

> La tradicional y académica división de especialidades favorece la representación de un mundo clasificado en naturaleza o sociedad, o, según los casos, en naturaleza y cultura. Por el contrario, en movimientos ecológicos que se orientan a la protección del ambiente, se abre camino la idea de que los hombres no viven encapsulados, sino inmersos en los procesos naturales y que, por su peculiar condición y en interés de sí mismo, carga con la responsabilidad de esta relación.[27]

En esto consiste el fenómeno de la despolitización: en presentar las leyes inmanentes al progreso técnico como exigencias funcionales que es necesario satisfacer, aunque esto lleve consigo la reducción del número de vinculados a la toma de decisiones. En la tendencia por parte de la economía a absorber cada vez más el marco institucional es posible comprobar hasta qué punto las decisiones políticamente relevantes son adoptadas de acuerdo con exigencias inmanentes a las técnicas de que se disponen, pero no se hace de ellas tema de consideraciones prácticas. La racionalidad no permite discernir entre fines. De este modo la razón se convierte en instrumento de fines sociales que no pueden pretender determinar que son decididos por otra fuerza o al mismo tiempo el interés y la tendencia son expulsados como momentos subjetivos de la corte de conocimiento. Los fines son traspapelados quedando convertidos en meras preferencias y deseos. La razón particularizada es remitida al estadio de la conciencia subjetiva: la espontaneidad de la espe-

---

[27] N. Elias, *Sobre el tiempo*, México, Fondo de Cultura Económica, 1989, p. 19.

ranza, los actos de toma de posesión, y sobre todo la sensibilidad hacia el sufrimiento y la opresión, la pasión por la autonomía, la voluntad de emancipación, son ahora desligados del interés vinculante de la razón.

Para los neoliberales hay un solo mundo de los hechos y sólo una forma de comprensión fundamentalmente similar en cada hombre. Un individuo puede saber más o menos acerca del mundo, pero cuando dos hombres saben algo verdaderamente, lo que saben es la misma cosa (sostienen el principio de las esencias inteligibles). Sin embargo, al extrapolar esta concepción de la racionalidad (y todo su andamiaje conceptual y metodológico), se expresa o vislumbra algo más que la mera forma de la realización racional del sentido; se hace explícito un solo sentido, y hasta la intención de un orden específico: el orden liberal de una sociedad de mercado. La teleología neoliberal que es explícitamente excluida se ve suprimida aquí en favor de ideas como estabilidad, progreso y desarrollo.

Los neoliberales invocan su legitimidad apelando al saber técnico (razón instrumental). El saber técnico expresa la nueva lógica cultural. Éste establece una identidad ya no sólo a nivel nacional, sino de acuerdo a la transnacionalización de las relaciones capitalistas de producción. Así, como en el laboratorio el investigador invocando su saber técnico, puede imponer su autoridad aún contra las más íntimas convicciones de los participantes, así la autoridad política en nombre del saber técnico liberal puede exigir los mayores beneficios en nombre de una razón técnica proporcionando a los ingenieros sociales del sistema industrial la legitimación necesaria para toda clase de usurpaciones a tenor de un sistema de valores dominantes sustraído a toda discusión pública eficaz y en pro de la estabilización de la relación de fuerzas existente. La racionalización instrumental forcluye todo lo que no puede ser integrado, y hasta liquida físicamente, todo lo que no entra en el esquema operacional mutilante.[28] Ella parece certificar la presencia de un disciplinamien-

---

[28] En el mismo sentido, y según la misma estrategia cultural, en las costumbres y en la literatura de los siglos de la edad moderna hasta los umbrales del nuestro, las referencias a los malos olores y cosas semejantes, representaban, por una parte, una inconveniencia y, por otra, algo irrelevante en tanto resul-

to del lenguaje mediante la exclusión y la prohibición de posibilidades alternativas.

Al suponer una sola realidad como horizonte de la acción humana se da por determinada la finalidad del proceso social. La sociedad no podrá decidir los objetivos de su desarrollo. Pues bien si las metas de la sociedad ya están definidas objetivamente entonces los medios para realizarlas son a su vez requisitos técnicamente necesarios (en el sentido de necesidades causal). Es decir, si el mercado y las relaciones capitalistas de producción son una realidad objetiva y dejan de ser objetos de discusión y decisión políticas entonces también los requisitos implícitos como el libre mercado de trabajo son imperativos técnicos que no cabe cuestionar. Este concepto de racionalidad liberal que se impone conlleva en último término una organización completa de la sociedad en la que una tecnología social (ingeniería gradual o fragmentaria) sigue dictando aún en nombre de la libertad de valores, o sea el suyo propio, a los ámbitos a una praxis usurpados por ello. En el racionalismo neoliberal el replanteo de una concepción finalista tiene el objetivo de insertar dentro de la naturaleza la acción del hombre.

La teoría de los valores tenía una de sus raíces en la separación kantiana entre naturaleza y moralidad. El rechazo de la teoría de los valores por parte del racionalismo neoliberal quería justamente indicar el rechazo de aquella separación. Estos sintetizan naturaleza y moralidad y así fundamentan su concepción de una base natural del comportamiento humano. Todo queda en última instancia supeditado a encontrar ese espacio ontológico inalterable. Popper excluye la dimensión genética, cultural y social de la razón. La relación entre historia y razón es obviada por las consecuencias que tendría para su modelo admitir los vínculos entre epistemología e historia. Pondría en cuestión su decisionismo metodológico. El núcleo esencial de esta estrategia teórica es no encontrarse ante nada indeciso

---

taban derrotados dos veces: la primera porque representaban lo que es degradante, vulgar, en la vida de los hombres, y la segunda porque nada ofrecían que pudiera contribuir a la comprensión de algo, y por lo tanto estaban destinados a caer fuera de la propia racionalidad. Un análisis más detallado en M. Foucault, *Genealogía del racismo*, Buenos Aires, Altamira, 1990, pp. 25-40.

cubriendo todas las fisuras que se puedan abrir y manifestar en el curso de nuestras operaciones lingüísticas conceptuales. La operación de forcluir los residuos históricos, culturales y sociales para garantizar la unidad y continuidad del conocimiento científico persigue construir una imagen compactar de nuestro proceso cognitivo. Lo que es expulsado como ajeno como heterogéneo no es dominado sino simplemente exorcizado construido como alteridad incomprensible como peligro, como enfermedad. En fin, esta alteridad cognoscitiva es reprimida por los aparatos de la racionalidad tecno-instrumental dominante.

Antes al contrario, reconocer la pluralidad de imágenes y gramáticas cognoscitivas que recorren nuestro lenguaje significa reconocer la complejidad del espacio histórico en que tales lenguajes se sitúan y operan en una conflictividad en que nuevas necesidades y nuevas formas de vida se representan. Mantener abierta esta conflictividad no significa ceder a la fascinación del abismo sino comprometerse en una lucha que es teórico-epistemológica y política. En efecto, construir cognoscitivamente la realidad conflictual del espacio histórico significa precisamente construir también la realidad conflictual de la razón: la realidad de sus conflictos. Significa reconocer las profundas complejidades que actúan en la dialéctica entre el conocimiento mirado en su pluralidad de manifestaciones con las energías sociales e intelectuales que no encuentran todavía el terreno de su propia codificación.

Ingeniería social gradual

La teoría popperiana de la ingeniería social fragmentaria es un punto de encuentro de sus concepciones epistemológicas, por una parte, y de sus concepciones éticas políticas y sociológicas, por otra. La teoría de la ingeniería social es formulada por Popper como una propuesta alternativa, al historicismo o ingeniería holística, según la terminología desarrollada por él. Las diferencias entre una forma y otra de ingeniería, son las siguientes: de acuerdo con la concepción holística, la intervención de ingeniero debe partir de una especie de modelo previo de la totalidad de la sociedad. Por el contrario, de acuerdo con la concepción gradualista, el ingeniero no tiene un proyecto total ni su acción pretende una acción total: el objetivo no puede ser la construcción utópica de una sociedad enteramente distinta sino el mejoramiento paulatino de las diversas instituciones sociales.

Para él, el gradualismo es la única actividad científica de intervención social que nos permite aprender de nuestros errores mediante ensayos sucesivos. Si pretendiéramos que la intervención social incluyera la totalidad de la sociedad resultaría imposible controlar los errores y el tipo de acción que lleváramos a cabo carecería del carácter racional de la actividad científica. No cabe duda de que las propuestas y argumentos de Popper se adaptan muy bien a lo que constituye en la actualidad la forma más extendida de entender la investigación y la intervención técnica en el campo abarcado por las ciencias sociales. De hecho, los posibles ingenieros holistas (léase políticos revolucionarios) se sitúan fuera del campo de la racionalidad tecno-instrumental mientras los ingenieros sociales graduales siguen fielmente el espíritu de las propuestas de Popper en cuanto "el ingeniero social gradual debe diseñar instituciones sociales y construir y administrar las que ya existen".[29]

El ingeniero social aparece como un experto que aplica un conocimiento científico-técnico a la transformación gradual de una realidad de acuerdo con unos objetivos cuya decisión no le compete como experto. En sus aspectos fundamentales los conocimientos se ofrecen como ya elaborados. En definitiva, el modelo del ingeniero social es una construcción ideológica que pretende justificarse desde el decisionismo metodológico popperiano. En la concepción de la ingeniería social fragmentaria hay una serie de incoherencias y lagunas. Por un lado, impone una serie de restricciones ficticias a la investigación en las ciencias sociales que no encajan en su funcionamiento fenomenológico con sus plurales e inconmensurables metodologías. Por el otro, las críticas a su caracterización de la ingeniería holística son restricciones ajenas al campo de la ciencia estando fundadas en motivaciones ético-políticas.

Las prácticas sociales no son sino material a disposición de una ingeniería social fragmentaria. Pudiendo inducir un comportamien-

---

[29] K. Popper, *La miseria del historicismo*, Madrid, Taurus, 1978, p. 64.

to calculable similar a la causalidad mecánica, se puede prescindir de la voluntad y, por ende, de la dimensión moral de la política. Esta ingeniería social gradual presupone un acuerdo sobre los fines. Popper dota al liberalismo no sólo de un fundamento metafísico, sino también biológico. Nunca podemos justificar nuestras teorías racionalmente; ni siquiera podemos demostrar que sean probables. Todo nuestro conocimiento, incluido nuestro conocimiento de la sociedad, se adquiere a través de experimentos sucesivos que presuponen el método de ensayo y el error. La ingeniería social fragmentaria satisface este requisito epistemológico. Nos permite hacer experimentos sucesivos, aislar factores irrelevantes, desenredar causas y efectos, comparar nuestras expectativas con las consecuencias de nuestras acciones, y así sucesivamente. Este método también genera menos costes, ya que podemos cambiar nuestra política sin mucho riesgo cuando sus consecuencias resulten ser contrarias a nuestras intenciones. En suma, la ingeniería social fragmentaria constituye el único método racional para construir a largo plazo un cuerpo fiable de conocimiento social y político. Presupone a la sociedad como una máquina, a su gobierno como un maquinista, y gobernar equivale a cuidar la sociedad mediante la ingeniería social.

En una sociedad dominada por una sola meta (mercado) sólo podrá haber en principio discusiones acerca de los medios más adecuados para la consecución de este fin, y las discusiones acerca de los medios tienen un carácter técnico. En tal sociedad no podrían surgir discusiones serias acerca de los fines políticos o los valores. El remplazo de la política por esta tecnología social no sería el triunfo de la neutralidad valorativa (objetividad); estaría completamente cargado de valor (el de las relaciones mercantiles) y ya no se formularían seriamente interrogantes primordiales acerca de lo que son los seres humanos. Por el contrario, sería la aceptación irreflexiva de sesgos ideológicos. Entre las consecuencias de la concepción de la racionalidad de Popper, tenemos que implica una renuncia a todo intento de transformación que vaya más allá de la eliminación de carencias. La razón serviría para mitigar las carencias de algunos sectores. Según Karl Popper, la prosecución de los grandes valores sería la tentativa de llevar el cielo a la tierra y esto produce como resultado invariable el infierno.[30] Es necesario no ocuparse de los grandes ideales que tienen entre sus consecuencias la producción del caos.

El programa liberal supone ocuparse mediante la ingeniería social fragmentaria del dolor de los pobres, del sufrimiento y sus formas de mitigación. En sentido estricto, los programas eternos de la moral y la política pública. La meta de la asistencia consiste precisamente en mitigar algunas manifestaciones extremas de las diferencias sociales a fin de que la estructura social pueda seguir basándose en estas diferencias. El asistencialismo sirve para ampliar y profundizar la relación de explotación aprovechándose de las expectativas de ascenso individual. La heterogeneidad de los sectores excluidos (la miseria no socializa) sirve de esta manera a una mayor estratificación y, por ende, a una organización interclasista de la población. Por lo demás, una política asistencialista tiene la ventaja adicional de permitir la cooptación de grupos críticos mediante la expansión de una nueva burocracia. Los valores superiores sostiene Popper deben ser excluidos en gran medida del problema y liberados al imperio de *laissez-faire*. Esta concepción de la racionalidad impide al individuo alterar con sus iniciativas el curso del mundo. Quien intentase, según Popper, modificar las relaciones sociales entre los hombres, para darles una felicidad mayor, podría alterar el designio de una armonía superior, ya trazada, y así transformarse de hecho, en un monstruo moral.

Tal como lo afirman los autores de *Dialéctica de la Ilustración*: la racionalidad técnica es la racionalidad del dominio mismo. Y esto se debe en gran medida: a que "la razón misma se ha convertido en un simple medio auxiliar del aparato económico omnicomprensivo".[31] En la sociedad industrialmente avanzada, la investigación, la técnica, la producción y la administración se han entreverado en un sistema inabarcable por la mirada pero funcionalmente trabado. Este

---

[30] Véase las referencias de Hayek similares a las de Popper con relación a la imposibilidad de superar el orden que este llama cosmos y que tiene que ver con la sociedad capitalista.

[31] Th. Adorno y M. Horkheimer, *Dialéctica de la Ilustración*, Obra completa 3, Madrid, Akal, 2013, p. 45.

sistema se ha convertido literalmente en la base de nuestras vidas. Nos hallamos vinculados a la sociedad administrada de una manera singular, íntima y al mismo tiempo enajenado. Por un lado, nos vemos ligados externamente por una red de organizaciones y una cadena de bienes de consumo, por otro lado, dicha base se sustrae al conocimiento y con mayor motivo a la reflexión:

> El temor a perder el sí-mismo y a que con él desaparezca el límite entre sí y el resto de la vida, el miedo a la muerte y a la destrucción, está hermanado con una promesa de felicidad por la que la civilización ha estado en todo instante amenazada. Su camino fue el de la obediencia y el trabajo, sobre el cual la satisfacción brilla perpetuamente sólo como apariencia, como belleza privada de todo poder.[32]

En la sociedad moderna una discusión acerca de los fines ha sido sustraída de todo debate público. El liberalismo con su pretensión cientificista desactiva la conflictividad política en su eterno diálogo neutralizado de las confrontaciones existenciales. Los fines son decididos por las elites políticas y económicas en la era de las neutralizaciones. Y por tanto, crecientemente mediante los dispositivos técnicos generan una despolitización que sustraen cada vez más una discusión pública acerca de los fines. Esta despolitización es el resultado de la separación entre el ámbito del saber técnicamente utilizable y la conciencia práctica del mundo de la vida social que se opera en la sociedad tecnológica. Una técnica que se pretende neutral excluye u oculta los fines a los que sirve. Las técnicas modernas implican valores de uso que no son escogidos por aquellos que la utilizan sino que son impuestos. Para Winner,

> la técnica es un uso, no existe ninguna diferencia entre la técnica y su uso. El individuo no dispone más que de una elección excluyente; usar la técnica tal como mandan las normas técnica o no usarlas en absoluto. Los instrumentos complejos van provistos de normas para su utilización. La gente no tiene libertad para usar estos instrumentos de un modo arbitrario, sino que debe procurar que se sigan los métodos y

---

[32] *Ibid.*, p. 48.

procedimientos operativos adecuados y que se cumplan todas las condiciones materiales para su funcionamiento.[33]

En el esquema clásico de interpretación de las relaciones entre ciencia y técnica se señalaba una diferencia fundamental. Por una parte, en el proceso técnico aparecen prescripciones, mandatos, juicios de valor y objetivos que en cuanto tales son ajenos a la práctica del técnico. Por la otra, si la práctica del técnico no es ajena a la del científico no se puede entender como una actividad abstracta tiene que ver sólo con la predicción y explicación hipotético-deductiva de acontecimientos. Por tanto, la práctica científico-técnica se encuentra inmersa en un proceso complejo de configuración del mundo que en modo alguno puede pretender ser neutral.

La racionalidad tecnológica revela su carácter político al convertirse en el gran vehículo de la máxima dominación creando un universo auténticamente totalitario en el que la sociedad y naturaleza espíritu y cuerpo con mantenidos en un estado de movilización para la defensa de este universo [...]. Las formas predominantes de control social son tecnológicas en un nuevo sentido es claro que la estructura técnica y la eficacia del aparato productivo y destructivo han sido instrumentos decisivos para sujetar la población a la división del trabajo establecido a lo largo de la época moderna. Además tal integración ha estado acompañada de formas de compulsión más inmediatas: perdidas de medios de subsistencias, la administración de justicia, la policía, las fuerzas armadas.[34]

LA FUSIÓN ENTRE LO PRÁCTICO Y LO TÉCNICO

Entre los desafíos fundamentales de la teoría social y política contemporánea se encuentra la necesidad de retomar la distinción entre las esferas prácticas y técnicas de la racionalidad. Principal-

---

[33] L. Winner, *Tecnología autónoma*, Barcelona, Editorial Gustavo Gili, 1979, p. 197.

[34] H. Marcuse, *El hombre unidimensional*, Barcelona, Ediciones Orbis, 1981, pp. 28 y 35.

mente, por la fusión en el ámbito del liberalismo dominante —clásico y neoliberal— entre lo práctico y lo técnico. La doble reducción de la teoría social y política opera como un estrechamiento de la racionalidad humana que simultáneamente se convierte en el horizonte único de las ciencias sociales y políticas. Sobre todo, en tanto la doble reducción —como ingeniería social fragmentaria y como criterio de demarcación— se constituyen en la condición de posibilidad del cientificismo liberal. En fin del decisionismo metodológico. En esta dirección, los trabajos de Jürgen Habermas representan una ampliación del debate sobre la racionalidad. Centrándose en Aristóteles y Hobbes, contrasta la concepción clásica con la moderna de la teoría social y política.

La política se entendía como la doctrina de la vida buena y justa, era la continuación de la ética. Para Aristóteles no había oposición entre la constitución formulada en la *nomoi* y el *ethos* de la vida civil; a la inversa, el carácter ético de la acción era inseparable de la costumbre y de la ley. Sólo la política permite que el ciudadano viva una vida buena. La antigua doctrina de la política se refería exclusivamente a la praxis en el sentido estrecho de los griegos. Esto no tenía que ver con la *téchne* la producción habilidosa de artefactos y el dominio experto de tareas objetivas. En última instancia, la política se orientaba siempre hacia la formación y el cultivo del carácter; procedía en forma pedagógica y no técnica. Aristóteles subraya, que la política, y la filosofía práctica en general, no pueden compararse con la ciencia rigurosa ni con un episteme apodíctico, pues su materia, lo justo y lo excelente en su contexto de praxis variable y contingente, carece de constancia ontológica y de necesidad lógica.[35]

Para Hobbes, sin embargo, la relación existente entre el Estado y los hombres individuales es la misma que existe entre los hombres individuales y las partes materiales de sus cuerpos. Es decir, la que se da en todo sistema físico con respecto a los elementos materiales que lo integran. De la misma manera, en un mecanismo de relojería

---

[35] Es cierto que la antigüedad clásica nos ha legado algunas páginas admirables de reflexión sobre la virtud, pero sería ingenuo pensar que los ideales allí descritos eran moneda corriente en su tiempo y que los ciudadanos antiguos eran más virtuosos que los burgueses modernos.

es imposible conocer la importancia de cada parte si no se desmonta y se considera separadamente la materia, la figura y el movimiento de cada parte que lo integra. Pero, también, cuando nos disponemos a estudiar el derecho público y los deberes de la ciudadanía, es necesario desmontar realmente el Estado para conocer con exactitud las propiedades de la naturaleza humana, en qué aspectos es apta y en cuáles no lo es para fusionarse en un Estado y qué relaciones deben entablar los unos con los otros si quieren lograr una unidad.

En esta dirección, para Thomas Hobbes, comprender las grandes cosas presupone el estudio de las propiedades de las partes más pequeñas de la materia. Del mismo modo que en física es necesario continuar la investigación en busca de lo infinitamente pequeño, también tendremos que partir de las propiedades de las partes más pequeñas del ensamblaje político (los hombres) si queremos explicar el origen y la coherencia de lo grande. En sentido estricto, del Estado. Cada uno de estos individuos reacciona ante los movimientos externos con absoluta necesidad. Vistas desde el interior, las reacciones humanas se presentan como ciertas vivencias, sentimientos y movimientos impulsivos. La antropología de Hobbes reposa sobre la idea básica de que todos los afectos conforme a los cuales reaccionamos, son efectos estrictamente necesarios de los procesos mecánicos que se producen en nuestro cuerpo y en el mundo externo.

El estado natural se caracteriza por un apetito ilimitado del individuo, pero, también, por su miedo a los demás. Impera el *bellum omnium contra omnes*. Del temor nace la necesidad de seguridad conjuntamente con la disposición a renunciar a la libertad ilimitada. La amenaza a la vida supone un contrato para disfrutar en paz de una libertad limitada. Por tanto, el contrato social nace del miedo y de la esperanza como compromiso entre nuestra agresividad ilimitada y nuestro miedo sin límites. Según Hobbes, el Estado se deriva necesariamente de la predisposición de los individuos. Esta deducción es al mismo tiempo el fundamento *iusnaturalista* de los deberes políticos fundamentales. El derecho positivo se identifica con las leyes vigentes del Estado, mientras el derecho natural significa que las acciones del hombre se siguen necesariamente de la naturaleza humana, siempre y cuando entrañe una reflexión racional. Este último, según el autor, trata de todo lo que razonablemente debemos hacer y omitir con vistas a una conservación lo más larga posible de la vida y los miembros, según sus propias palabras. La tarea del Estado es garantizar la paz interior ciudadana. En la obra de Hobbes la distinción entre lo práctico y lo técnico desaparece en tanto el conocimiento técnico es el fundamento del orden político. Habermas refiriéndose a Hobbes y a los postulados de la política que este autor defendió, afirma lo siguiente:

> Los ingenieros del orden correcto pueden desentenderse de las categorías de la interrelación social y la ética y limitarse a la construcción de las condiciones bajo las cuales los seres humanos, como todos los objetos de la naturaleza, se comportarían necesariamente en una forma calculable.[36]

Desde Hobbes, las características competitivas, egoístas, individualistas y lucrativas del hombre occidental han sido confundidas con la naturaleza humana, forjando una antropología filosófica a imagen y semejanza del sistema capitalista. El efecto de esta dialéctica ha sido afianzar las propiedades de la acción social humana tal y como la concebimos en la naturaleza y sus leyes, dentro de nuestras concepciones de la acción social humana. Naturalizando el comportamiento egoísta, competitivo e individualista del ser humano, la sociedad humana es natural. Todas las múltiples relaciones entre los hombres se reducen a la única relación posible: la mercantil. Todas las demás sólo valen en cuanto puedan ser absorbidas por aquélla. La teoría hobbesiana de un orden funcionando a la manera de un reloj implica someter las relaciones sociales a medidas fijas, tangibles y mensurables, subsumiendo el comportamiento humano a reglas estrictamente técnicas. En la actualidad, la teoría social y política es heredera de la concepción hobbesiana que fusiona lo práctico y lo técnico.

> Es Hobbes quien estudia por vez primera las leyes de la vida ciudadana con la intención expresa de colocar la acción política sobre la base insuperablemente cierta de aquella técnica dirigida científicamente,

---

[36] J. Habermas, *Teoría y praxis*, Madrid, Tecnos, 1990, p. 54.

que él conocía a partir de la mecánica contemporánea. Hannah Arendt ha caracterizado las construcciones del derecho natural racional como un intento de encontrar una teoría con la que se pueda fabricar con exactitud científica instituciones que regularían los asuntos de los hombres con la misma seguridad con la que el reloj regula los movimientos del tiempo o la creación entendida como reloj los procesos de la naturaleza.[37]

Para el individualismo metodológico, la sociedad es una suma de unidades homogéneas e invariables que se relacionan entre sí de acuerdo con reglas unívocas. El interés por cuantificar y calcular el proceso social conduce a suponer la existencia de sujetos constituidos de una vez y para siempre como unidades uniformes. De un modo general, los neoliberales parten del supuesto que consiste en la explicación del comportamiento social como la expresión de deseos e impulsos del organismo inscritos en la naturaleza humana mediante una evolución biológica. Las disposiciones e impulsos humanos tales como el egoísmo o la agresividad se encarnan en instituciones sociales de carácter similar. La interacción de los organismos imprimirá estas tendencias orgánicas en sus relaciones sociales. En consecuencia, se establece un isomorfismo entre el carácter de las tendencias biológicas humanas y las propiedades de los sistemas sociales humanos.

Los neoliberales establecen una correspondencia entre las propiedades biológicas y las instituciones sociales. Hayek asegura: "La sociedad sólo puede subsistir si por algún proceso de selección surgen normas capaces de inducir a los individuos a comportarse según esquemas compatibles con la convivencia social. Conviene recordar que la selección operará según el esquema social de que se trate, es decir, guiada por las especiales características del orden existente".[38] Este isomorfismo les permite plantear el carácter natural de la desigualdad humana. Las diferencias de talentos, inclinaciones y motivaciones forman parte de la constitución del indivi-

---

[37] *Ibid.*, p. 67.
[38] F. Hayek, *Derecho, legislación y libertad*, cit., p. 90.

duo. Sólo puede haber igualdad, jurídica y política, ante el mercado.[39] Sahlins en un acucioso análisis contra las tendencias socio-biológicas asegura:

> Uno podría estar tentado de aceptar las afirmaciones más dudosas o no probadas que se encuentran en la base de esta cadena lógica; por ejemplo, que las disposiciones emocionales humanas están controladas genéticamente y que los controles genéticos se sedimentaron mediante procesos adaptativos en términos inmemoriales. Pero incluso entonces de ello no se deduciría que las limitaciones de la base biológica orquestan nuestras respuestas conductuales y explican, por tanto, las actuales ordenaciones sociales de los hombres, ya que entre los impulsos básicos que se pueden atribuir a la naturaleza humana y las estructuras sociales de la cultura humana existe una indeterminación crítica. Los mismos motivos humanos aparecen en diferentes formas culturales, y diferentes motivos aparecen en las mismas formas. Al no haber una correspondencia fija entre el carácter de la sociedad y el carácter humano no puede haber determinismo biológico.[40]

No existe un isomorfismo entre naturaleza y cultura. El objetivo de la genética humana o del comportamiento consiste en determinar la relación entre la constitución genética y el medio ambiente social en referencia a la capacidad e inteligencia del individuo. La palpitante actualidad político-científica de la investigación de constitución biológica/medio ambiente reside en que sus resultados se convierten en argumentos formativos políticos-sociales. La genética humana surgió como disciplina en Inglaterra a mediados del siglo XIX, en una época en que los exámenes generales deberían igualar el acceso al servicio público. El auge de la utilización científico-social

---

[39] Así es, por ejemplo, en los Estados Unidos, con el caso de la imposición de leyes contra la discriminación racial, donde las mujeres negras, entre otras cosas, a través de programas especiales recibían prioridades con el reajuste del servicio público. Los neoconservadores consideran que esto lesiona el principio de igualdad de oportunidades. Una utilización del concepto de igualdad de oportunidades y del rendimiento o meritocracia a través de los cuales ellos siempre tuvieron las mejores oportunidades.

[40] M. Sahlins, *Uso y abuso de la biología*, Madrid, Siglo XXI, 1990, pp. 22-23.

de resultados genéticos humanos coincidía con reformas político-sociales. No es casual que neoliberales y neoconservadores utilicen la sociobiología como fundamentación de la desigualdad humana que éstos defienden. La idea de una correspondencia fija entre las disposiciones humanas innatas y las formas sociales humanas constituye un vínculo débil, como lo ha demostrado Marshall Sahlins.

El sistema de la cultura no es sólo la expresión de la naturaleza humana; tiene una forma y una dinámica coherentes con sus propiedades que lo convierten en una intervención de la naturaleza. Ni somos seres humanos con una naturaleza fija que se va desenvolviendo con el transcurso del tiempo ni somos infinitamente plásticos y perfectibles. Los seres humanos constituyen un continuo con el resto de la naturaleza, pero cuentan con la capacidad de desarrollar aquellos hábitos, disposiciones, sensibilidades y virtudes a los que Dewey llamaba la inteligencia reflexiva. Siempre nos hallamos *in media res:* no hay comienzos ni finalidades absolutos. Siempre nos encontramos en el proceso de estar siendo formados por nuestra historia y nuestras tradiciones y de estar formándolas. Jamás escapamos a lo que de precario y contingente tiene la existencia humana. Los intentos por construir una teoría social o política a imagen y semejanza de las ciencias naturales parten del supuesto de una naturaleza humana fija.

En el neoliberalismo observamos esas tendencias que pretenden, a partir de una característica del hombre, edificar todo un conocimiento universal intensificando las tendencias avasallantes del universalismo homogeneizante, ya que un individuo que no cumpla con las características que ellos le atribuyen a la naturaleza humana, queda excluido porque viola las disposiciones naturales del individuo. Pensar que los problemas de la vida humana tienen una solución técnica específica es asumir el estándar de racionalidad científica dominante. Más bien, coincidiendo con Wittgenstein, podríamos decir que si se diera el caso de que se resolviesen todos los problemas técnicos, los problemas de la vida apenas serían rozados. En este sentido, siguiendo a Habermas puede interpretarse el desborde de la racionalidad instrumental hacia los ámbitos de la racionalidad práctico-histórica y la consiguiente colonización de la vida cotidiana provendría de la fusión entre lo práctico y lo técnico. En términos genealógicos, desde el siglo xviii la fe ilimitada en el progreso y en el desarrollo científico-técnico presagiaba un mundo de bienestar y goce. Este carácter liberador de la ciencia procede de su potencial como medio de extender el dominio humano sobre la naturaleza. Pero esta racionalidad, el principio económico y funcional ligado al conocimiento científico, trascendió rápidamente a modelo organizativo de la sociedad en su conjunto en el siglo xx. El desarrollo desbordado, incontrolado y sin límites de la producción y el avance científico–técnico, lejos de potenciar las promesas liberadoras de la Ilustración, lo que hace es arrinconar cualquier posibilidad de liberación.

Se trata de una racionalidad tecno-instrumental desbordada que somete al conjunto de la cultura a sus criterios de cientificidad mediante la colonización formalizadora de lo cotidiano. Esa racionalidad sólo se refiere a las situaciones de empleo posible de la técnica y exige por ello un tipo de acción que implica dominio, ya sea sobre la naturaleza o sobre la sociedad. La acción racional con respecto a fines es, por su estructura misma, ejercicio de controles. Por eso la racionalización de la vida, según este criterio, viene a significar la institucionalización de un dominio que se hace ya irreconocible como dominio político.[41] Este desborde de la racionalidad instrumental ha producido que la racionalidad dominante sea la plena conciencia de que se dispone de una racionalidad del dominio.

La razón instrumental se hace hegemónica en Occidente cuando se entrecruza con la lógica de la acumulación del capital y conocimiento científico, tecnología, producción, acumulación se convierten en los procesos que van conformando la sociedad tecnológica de nuestra época. La universalización de la ciencia y la tecnología en el mundo contemporáneo no es simplemente el proceso de aceptación por parte de las demás culturas de los valores u orientaciones normativas de la sociedad capitalistas y socialistas. Estas opciones han sido impuestas a través

---

[41] J. Habermas, *La ciencia y la técnica como ideología*, Madrid, Tecnos, 1984, p. 55.

de las relaciones imperialistas de dominación y explotación que los países desarrollados han establecido con el resto del planeta.[42]

La universalización del patrón cultural europeo implicó la neutralización y destrucción en el campo ontológico y epistemológico del otro no europeo. La exclusión/forclusión de América fortaleció la falacia de Occidente respecto a su comprensión de la modernidad, en tanto consolidó su fábula simbólica de ocultamiento de su constitución colonial e imperial. "Se describe el paisaje como deshabitado, desposeído, no historizado, desocupado aun por los viajeros mismos".[43] Al expandirse sobre el globo terráqueo, los europeos al enfrentarse a culturas distintas, las concebían como parte de la naturaleza (salvaje) a explotar negándoles derechos humanos como los suyos. La reificación de la naturaleza y la sociedad como dominios ontológicos antitéticos es resultado de un proceso de purificación epistemológica que oculta el hecho de que en la práctica la ciencia moderna no ha logrado cumplir con los presupuestos del paradigma dualista.

Esta episteme dualista adquirió su legitimación con la filosofía cartesiana y su plena expresión con la mecanización del mundo, en el sentido tanto físico como técnico de la expresión. Fue, por ello, sobre el contraluz del otro (el bárbaro y el salvaje convertidos en objetos de estudio) que pudo emerger en Europa lo que Heidegger llamase la época de la imagen del mundo. Sin colonialismo no hay ilustración, sin el *ego conquiro* es imposible el *ego cogito*. La razón instrumental hunde genealógicamente sus raíces en la matanza, la esclavitud y el genocidio practicados por Europa sobre otras culturas.[44] Sobre todo, en tanto el carácter subversivo y transformativo de las nuevas gramáticas de sentido supone que sus prácticas apunten a un desplazamiento de los límites de la identidad moderna,

---

[42] E. Lander, *Contribución a la crítica del marxismo realmente existente*, Caracas, Universidad Central de Venezuela, 1984, p. 166.

[43] M. L. Pratt, *Ojos imperiales. Literatura de viajes y transculturación*, Bernal, Universidad Nacional de Quilmes, 1992, p. 97.

[44] S. Castro-Gómez y E. Mendieta (eds.), *Teoría sin disciplina (latinoamericanismo, poscolonialidad y globalización en debate)*, México, Miguel Ángel Porrúa, 1998, p. 18.

visibilizando la riqueza teórico-epistemológica de las alteridades forcluidas por el proceso colonial-moderno.

En efecto, el preguntar crítico supone remontarse a las condiciones del proceso de producción de sentido principalmente en cuanto remite a una situación genética ocultada y silenciada por los procesos de expansión de la modernidad occidental. Esta perspectiva genealógica recupera nociones como sentido, significado, enunciado o discurso, en tanto éstas no deben ser entendidas como estructuras que flotan en el vacío sino, por el contrario, que forman parte de un proceso de producción de una realidad histórica fragmentada y escindida. El rasgo definitorio de las ciencias sociales, en sus versiones dominantes, es la eliminación de la subjetividad y de su contexto de producción. La teoría surge en y de la vida, pero una vez que se ha establecido y consolidado como conciencia teórica se cosifica distanciándose de las prácticas sociales y culturales que la hicieron posible. La colonización de la racionalidad tecno-instrumental subsume todos los ámbitos de la existencia humana a un criterio formal de racionalidad. Este desborde ha posibilitado que la dimensión práctico-histórica en tanto constitutiva de la existencia humana se vea vaciada de sentido.[45] El resultado de la separación es la forclusión-inmunización de las impurezas subjetivas y el detritus de la emocionalidad que separados por filtración de la corriente de la racionalidad instrumental son encerrados higiénicamente en un embalse formando una imponente masa de cualidades subjetivas.

---

[45] Es necesario puntualizar tres diferencias fundamentales con la teoría de la acción comunicativa de Habermas. La primera es el carácter histórico de la racionalidad. Por tanto, condensamos el ámbito práctico-comunicativo con el histórico. La segunda, su consideración de la comunidad de comunicación como una suerte de sistema invariable tendente al equilibrio sustrayendo el disenso del ámbito de construcción de sentido. La tercera, el estatuto liberador que le otorga Habermas al lenguaje; sin vincularlo al campo de fuerzas sociales y políticas que se confrontan en el centro de gravedad de la política. En las ciencias sociales los modelos lingüísticos han sido incorporados muy fácilmente y ello se debe a una consideración esencialista de la lingüística, que hace del lenguaje más que un instrumento de acción y de poder, un objeto de intelección. De hecho, el uso del lenguaje que implica tanto la manera como la materia del discurso depende de la posición social del locutor, posición que rige el acceso que éste pueda tener (P. Bourdieu, *¿Qué significa hablar?*, Madrid, Akal, 1985).

Para decirlo con Horkheimer y Adorno, la Ilustración siempre persiguió el objetivo de quitar el miedo a los hombres y de convertirlos en amos. Pero la tierra enteramente iluminada resplandece bajo el signo de una triunfal desventura. La razón triunfante de los ilustrados acabó convirtiéndose en una jaula de hierro. La idea de Horkheimer y Adorno de que la gente desarrolla su identidad aprendiendo a controlar su naturaleza externa al precio de reprimir su propia naturaleza nos provee de un modelo para una descripción en la que el proceso de ilustración revela sus dos caras; el hombre aprendió a dominar la naturaleza pero sólo imitando sus aspectos más rígidos y rutinizados. La razón lentamente aprende a dominar la naturaleza pero al coste de la renuncia. Una razón bastante poderosa para asegurar la supervivencia y el confort humanos en un mundo circundante hostil, que es comprada al precio de la razón misma. La razón deviene poderosa por su conversión en un instrumento en una renuncia.

En la *Dialéctica de la Ilustración*, Horkheimer y Adorno intentan relacionar el carácter unidimensional de los procesos modernos de racionalización con una tendencia interna hacia la reificación y la razón instrumental, que es inherente al pensamiento conceptual como tal, es decir, en la cognición simbólicamente mediada y en la acción. Horkheimer y Adorno tratan de anclar los mecanismos que produce la reificación de la conciencia en los fundamentos antropológicos de la historia de la especie en la forma de existencia y de reproducción cultural de esa especie. El proceso de racionalización o descentramiento de las imágenes del mundo ha conducido a un proceso de selectividad específica. El actual curso que el proceso de racionalización ha tomado en el mundo moderno fue sólo uno entre un número de posibles cursos, correspondientes a diferentes constelaciones posibles en la articulación entre sistema y mundo de vida.

No es la diferenciación y el desarrollo propio de cada una de las esferas culturales de valor lo que conduce al empobrecimiento cultural de la praxis comunicativa cotidiana, sino la separación elitista de la cultura de los expertos del contexto comunicativo de las acciones cotidianas. No es la desvinculación de los subsistemas dirigidos por medios y sus formas de organización las que conducen al mundo de vida a una racionalización (cosificación) unilateral-instrumental de la praxis cotidiana, es la penetración de las formas de racionalidad económica y administrativa en ámbitos de acción práctico-históricos, ya que éstos están especializados en la historicidad de la tradición cultural, en la integración social y en la socialización, y permanecen referidos a la comprensión intersubjetiva con el mecanismo de coordinación de las acciones. La noción de racionalidad práctico-histórica refleja la condición cognitivo-moral de los humanos en un mundo desencantado. Habermas habla de racionalización comunicativa donde las formas de acción comunicativa y de argumentación reemplazan a otros mecanismos de coordinación de las acciones, de la integración social o de la reproducción simbólica.

Sobre esta base, Habermas realiza una re-conceptualización de la reificación como una colonización del mundo de vida por flujos que emanan del sistema económico-el dinero, el fetichismo de la mercancía —y del sistema político-administrativo-poder y razón burocrática—, es decir, explica las socio-patologías de la vida moderna por la creciente subordinación del mundo de la vida a los imperativos de la reproducción material. Los procesos de racionalización son paradójicos porque socavan la racionalidad del mundo de vida que hizo posible la racionalización sistémica. Sin embargo, esta modalidad de conocimiento conocida como racionalidad instrumental es una expresión de un conjunto de opciones culturales que se han venido conformando en la sociedad occidental durante siglos. Se trata de un proceso histórico particular en el cual como consecuencia de una compleja influencia de factores económicos, políticos y valorativos, se realiza en Occidente una opción cultural fundamental de priorización radical de los valores humanos que podían encontrar su realización por la racionalidad instrumental.

En el proceso de producción de la modernidad la idea de racionalidad inherente a ella no significaba lo mismo en cada uno de los centros productores y difusores en Europa. Podemos señalar de manera simplificada que en los países del norte de Europa o sajones la idea predominante de racionalidad se vincula desde la partida, fundamentalmente a lo que desde Horkheimer se conoce como razón instrumental. Es ante todo, una relación entre fines y medios.

Lo racional es lo útil. En cambio en los países del sur de Europa la idea predominante de racionalidad se constituye especialmente en el debate acerca de la sociedad, vinculada en primer término, a la definición de fines. Y esos fines son los de liberación de la sociedad de toda desigualdad, de la arbitrariedad, del despotismo. En fin de, contra el poder existente, la modernidad se constituye allí como una promesa de existencia social racional, en tanto promesa de libertad, de equidad y de solidaridad. Eso es lo que desde entonces será reconocido como razón histórica.

Esa diferencia se convirtió en una cuestión crucial para el destino de la modernidad y de sus promesas, en la medida en que la hegemonía en el poder del capital, en las relaciones de poder entre burguesías en Europa, se fue desplazando ya desde el siglo xix, hacia el control de la burguesía británica. De este modo, la vertiente anglo-escocesa de la ilustración y de la modernidad, se impuso sobre el conjunto de la razón burguesa, no solamente en Europa, sino también a escala mundial, debido al poder imperial que la burguesía británica logra conquistar. La razón instrumental se impuso sobre la razón histórica.[46]

En el último periodo moderno con claro dominio de la racionalidad instrumental muestra una serie de fenómenos inquietantes la imagen de aquella lechuza que comienza su vuelo al atardecer Hegel nos recuerda que las épocas únicamente entran en la fase de autor reflexión cuando el potencial que las determina está agotado: la barrera natural del crecimiento ha llegado a ser visible en la crisis ecológica. Este universalismo homogeneizante ha puesto en cuestión la vida misma en el planeta y progresivamente va destruyendo y desarticulando tradiciones culturales e identidades colectivas en nombre del desarrollo y del progreso. Estas son otras tantas citas de un progreso identificado con el horror y de una mortal hipoteca de cara a nuestro futuro. Todo esto forma parte de la misma lógica de la dominación científico-técnica tal como ha sido configurada a partir de las ciencias modernas.

---

[46] A. Quijano, *Modernidad, identidad y utopía en América Latina*, Lima, Ediciones Política & Sociedad, 1988, pp. 17-18.

Toda forma de positividad, todo intento de dominar la naturaleza, de establecer reglas, es una forma de dominio también sobre el hombre, una forma de reificación humana. Este proceso se ha vuelto cuasi total por el desborde de una racionalidad instrumental en la sociedad tecnológica moderna, incluso en la próspera y tolerante, tal vez sobre todo en ésta. La condena natural de los hombres es hoy inseparable del progreso social. Todo este episteme basado en un progreso científico-técnico sin límites está agotado. La razón despojada de sus contenidos vitales se encuentra vaciada de sentidos. Las certezas que le conferían significados claros y deseables a este paradigma están hoy desvitalizadas. El señorío del hombre sobre la naturaleza no tiene ante sí el brillante porvenir que le auguraban la ciencia y la tecnología en la aurora de los tiempos modernos. Las profecías no se han cumplido. Este poner el orden, basado en la razón, ha permeado todos los estratos de la vida humana y ha alejado cada vez al sujeto de sí mismo y del mundo; deteriorando, inclusive, aún más sus relaciones con éste.

En síntesis, la razón práctica se dirige según se use bajo los aspectos de lo conforme a fines de lo bueno o de lo justo al arbitrio del actuar racional a la fuerza de decisión del auténtico realizarse o a la voluntad libre del sujeto moralmente apto para juzgar. Para Habermas el término bueno tiene dos sentidos que dependen del lugar desde donde se apela. En un primer caso el término bueno se utiliza como una noción jerarquizadora (*ranking word*) y se usa para escoger entre un cúmulo de información limitada. En un segundo caso este se refiere a lo posible o imaginable que denota un ideal regulativo.[47] En la tradición aristotélica la razón práctica asume el papel de la facultad de juzgar que ilumina el horizonte histórico vital de un ethos habituado. La orientación práctica se vuelve un rasgo típico de la razón que tiene como función promover el arte de la vida. Y el arte de la vida no debe favorecer la simple adaptación del ambiente sino que debe conducir a vivir mejor con un acrecentamiento de las satisfacciones individuales y colectivas.

En una razón práctica de tal índole convergen la inteligencia y el interés explícito en una liberación mediante la reflexión. La necesa-

---

[47] J. Habermas, *Teoría de la acción comunicativa I*, Madrid, Taurus, 1987, pp. 64-65.

ria distinción de Habermas entre lo práctico y lo técnico en el sentido aristotélico permite postular una visión del ser humano y de la sociedad capaz de enfrentar las tendencias distorsionadas de una racionalidad instrumental desbordada e hipertrofiada. La racionalidad práctico-histórica –como dimensión constitutiva de la existencia humana- comprende los aspectos históricos, estéticos, expresivos y comunicativos de la vida cotidiana. Estas formas de subjetivación no se subsumen a la mercantilización del mundo. Sólo la proliferación de formas alternativas de organización en el seno mismo de la sociedad existente podría garantizar que las crisis se convirtieran en puntos de partida para un proceso de emancipación social.

Esta racionalidad práctico-histórica tiene la virtud de concebirse bajo una dimensión distinta a aquellas planteada por las teorías cientificistas. Es por ello que pensamos con Wellmer que el residuo cientificista de la teoría de Habermas es lo que impide que su ética discursiva abandone el ideal de armonía, de fundamentación y de modelos supra-empíricos o contrafácticos como regulativos. El concepto de juicio o facultad del juicio, expresa la posibilidad de aprender a transitar fluidamente de una dimensión de validez hacia otra, un elemento de gran relevancia para hablar de las mediaciones de los momentos de la razón que, como razón plural y falible, tienen la obligación de someterse al aquí y ahora, pues no pueden auto concebirse como soluciones últimas y definitivas. Esto implica también que debemos renunciar a ordenar las sociedades según una especie de escala de mayor a menor aproximación a un valor-límite de comunicación libre de dominación. Pienso que habría que introducir un canon de racionalidad que en ningún caso toleraría un *optimum* en términos puramente formales.

Razón, crítica y crisis

Quizás, la conciencia posmoderna consiste en la teorización de su propia condición de posibilidad, que es una mera enumeración de cambios, alteraciones, mudanzas e innovaciones en distintos ámbitos de la vida moderna. Es decir, un esfuerzo de auscultar las patologías de la época sin los dispositivos e instrumentos necesarios para representar algo tan coherente como un *Zeitgeist*. El concepto de posmodernidad tiene la capacidad de exponer los temas con eficacia simbólica y economía de lenguaje. Los teóricos prefieren pensarla en términos de fin de la modernidad como la liquidación del potencial ilustrado de la modernidad y como la deconstrucción de sus esperanzas utópicas. En todo caso, es necesario diferenciar entre varias posiciones en juego en la disputa entre la moderna autodefensa de la razón y su autodestrucción posmoderna. Inicialmente, es preciso reconocer el carácter doble del proyecto de modernidad para comprender los puntos neurálgicos de su crisis. Por un lado, el reconocimiento de sus energías ilustradas vinculadas al debate producido por la Ilustración y la Revolución Francesa sobre las formas de emancipación social y política, y por el otro, las potencias destructivas asociadas a los procesos de conquista, colonización y expansión capitalistas fundamentadas en la superioridad de la razón ilustrada europea. Configurándose como visión única del proceso de emancipación humana en tanto visión universal, lineal y secular de la humanidad.

La identidad construida entre razón y emancipación en tanto liberación de todas las formas de ataduras, prejuicios y opacidades en el debate entre antiguos y modernos ha devenido en el triunfo de la racionalidad tecno-instrumental. El concepto de logos colonial-moderno sintetiza la facticidad dominante de esta racionalidad del dominio. En esta dirección es necesario avanzar en el trípode de historizar, deconstruir y criticar la tendencia reduccionista del episteme dominante y sus códigos maestros de comunes denominadores que hacen perder la especificidad, la diferencia y la alteridad. Y sobre todo, cancelan, reprimen y clausuran las alternativas contenidas en las voces de la diferencia y la alteridad ofreciendo la falsa ilusión de una cultura que asimila los potenciales disruptivos en la era del capitalismo tardío. Que sólo existe una cultura posmoderna con un único destino histórico. Se trata de problematizar simultáneamente la modernidad y la posmodernidad en sus características occidentales desde otro lugar de enunciación. Planteando la prioridad material y simbólica de un más allá del euroccidentalismo en tanto sistema mítico de representación que constituye el momento fundacional de la narrativa colonial-moderna.

El euroccidentalismo descansa en el supuesto de la existencia de invariantes culturales que dan forma a los trayectos históricos de los diferentes pueblos, irreductibles entre sí. El sistema mítico euroccidental se presenta como un universalismo en el sentido de que propone la imitación del modelo occidental como única forma de conocimiento científico. Por ello, y ello es fundamental destacarlo, la entidad que denominamos tradición intelectual europea que se remonta a los antiguos griegos es una construcción de la historia europea relativamente reciente. Martin Bernal en su libro *Atenea Negra*[48] y Samir Amin en su texto sobre el *eurocentrismo*,[49] entre otros autores, han cuestionado con un conjunto de fuentes empíricas la afirmación de los pensadores europeos de que tal tradición sin fisuras haya existido alguna vez o que incluso pueda denominarse europea con propiedad. Por tanto, la escritura crítica y contra-hegemónica se ve comprometida a trabajar con supuestos universales que fueron forjados, principalmente (aunque no exclusivamente), en la Europa del siglo XVIII y que subyacen como verdades invariantes en las ciencias sociales y humanas.

Este compromiso marca los conflictos teórico-epistemológicos de la recepción crítica y contra-hegemónica y supone pensar la descolonización de las ciencias sociales. Conflictos marcados por la construcción de sujetos inferiorizados sexual, espiritual, epistémico, económica y racialmente por el sistema histórico capitalista. Pero, además, estos conflictos están atravesados transversalmente por la incrustación psíquica corporal (epidermización) de procesos y estructuras sociales de poder. ¿Qué significa pensar desde la escritura crítica y contra-hegemónica? Significa que las categorías de la filosofía y las ciencias sociales europeas no son suficientes para demarcar la realidad y para afirmar la verdad de la experiencia corporal y geopolítica los que piensan desde la exclusión, desde el no-ser.[50] El territorio del no-ser es el de la geopolítica del conocimien-

[48] M. Bernal, *Atenea Negra. Las raíces afroasiáticas de la civilización clásica. La invención de la antigua Grecia (1785-1985)*, vol. I, Barcelona, Crítica, 1993.

[49] S. Amin, *El eurocentrismo. Crítica de una ideología*, México, Siglo XXI, 1989.

[50] R. Grosfoguel, "El desprendimiento: retórica de la modernidad, lógica de la colonialidad y gramática de la descolonialidad", en R. Grosfoguel y J.

to del ser colonial que produce el ser imperial, mientras que el territorio del ser es el de la geopolítica del conocimiento de aquél que pretende representar su conocimiento bajo la retórica del yo cartesiano-lockeano-kantiano que oculta la mirada del ser imperial y que se representa como lo ha señalado acertadamente Santiago Castro-Gómez en *La hybris del punto cero.*[51]

La idea central es reclamar la presencia y la voz del crítico excluido que fueron usurpadas por los teóricos occidentales. Para Spivak[52] el crítico poscolonial debe contribuir a destruir la subalternidad del colonizado. Dado que la condición del subalterno es el silencio, el habla es la subversión de la subalternidad. La tarea fundamental es descolonizar el lenguaje y las perspectivas teóricas que son prisioneras de la tradición eurocéntrica para abrir caminos de renovación lingüística y conceptual. Ello tendría un doble aspecto. Por un lado, la asunción de perspectivas transdisciplinarias y modulares del conocimiento. Y por el otro, la ruptura con el monólogo de la tradición occidental. Por ello, la des-monologización del conocimiento es un paso necesario para el diálogo de saberes en tanto diálogo pluricultural. Esta perspectiva teórica parte del reconocimiento de la pluralidad de conocimientos y saberes con sus respectivas formas de argumentación y fundamentación. El ejercicio de una perspectiva descentrada, descolonizada y crítica supone abrir las ciencias sociales y humanas a las tradiciones forcluidas con sus universos simbólicos, memorias y ritos.

La gramática de nuestro lenguaje muestra las múltiples formas de uso de las palabras sin que tengamos que tropezar con la significación primaria. En esta dirección, tanto Wittgenstein como Adorno han logrado deconstruir la racionalidad formal con sus funda-

---

Romero (comps.), *Pensar decolonial*, Caracas, Fondo Editorial La Urbana, 2009, p. 262.

[51] S. Castro-Gómez, *La hybris del punto cero: ciencia, raza e ilustración en la Nueva Granada (1750-1816)*, Bogotá, Editorial Pontificia Universidad Javeriana, 2005.

[52] G. Spivak, "¿Puede hablar el sujeto subalterno?", *Orbis Tertius* 3, 6, (1998). Disponible en: [http://www.fuentesmemoria.fahce.unlp.edu.ar/art_revistas/pr.2732/pr.2732.pdf]. Véase también *id., Crítica de la razón poscolonial. Hacia una crítica del presente evanescente*, Madrid, Akal, 2010.

mentaciones últimas y su *criptoutopismo* de soluciones definitivas. La reflexión de Wittgenstein localiza al mismo tiempo en la razón un tejido de juegos de lenguajes que se modifican por sí mismos sin principio ni fin y sin ninguna seguridad definitiva, pero también sin límites fijos y sin pasos cerrados de una vez por todas. Esta idea permite avanzar en una teoría crítica que intenta defender una idea de razón no inscrita en el carácter identificador y cosificador de la racionalidad tecno-instrumental vinculando arte y conocimiento como momento liberador. Para Theodor Adorno, el arte representa un tipo de lógica y síntesis que es marcadamente diferente del tipo represivo de lógica y síntesis característica del pensamiento identificador. La síntesis estética lograda por la obra de arte difiere de la del pensamiento conceptual en que no ejerce ninguna violencia contra lo particular, lo suprimido, lo no-idéntico. Ésta es la razón de que la obra de arte se convierta en una cognición no-reificada y, al mismo tiempo, en el paradigma de una integración no-represiva de los elementos de un todo.

El proceso civilizatorio occidental es simultáneamente un proceso de racionalización y dominio sobre el hombre y la naturaleza, pero, también, una historia de trabajo, sacrificio y renuncia. Ilustrar a la ilustración acerca de sí misma, ese recuerdo de la naturaleza en el sujeto sólo es posible en el medio conceptual. Obviamente, sería necesario que el concepto se volviera contra la tendencia cosificadora del pensamiento conceptual, tal como Adorno postulará en *La dialéctica negativa*[53] para la filosofía, que lleva en sí el afán de ir mediante el concepto más allá del concepto. Adorno ha tratado de caracterizar esa auto-superación del concepto como acogida de un elemento mimético en el pensamiento conceptual. Racionalidad y mimesis han de converger para salvar a la racionalidad de su irracionalidad. Mimesis es un nombre para esas formas de conducta del ser vivo sensorialmente receptivo, expresivo que se van acoplando en la comunicación. El lugar en que las formas miméticas de conducta han manteniendo un carácter espiritual en el curso del proceso de civilización es el arte: el arte es mimesis espiritualizada, transformada y objetivada mediante la racionalidad.

---

[53] Th. Adorno, *Dialéctica negativa*, Obra completa 6, Madrid, Akal, 2014.

Arte y filosofía designan las dos esferas del espíritu en las que éste irrumpe contra las costras de la cosificación en el acoplamiento del elemento racional con el mimético. En la obra de arte, la verdad aparece en forma sensible esto constituye su privilegio frente al conocimiento discursivo. Pero precisamente porque en la obra de arte aparece en forma sensible se vuelve a quedar velada para la experiencia estética. La verdad que se muestra en el relampagueó fugaz de la experiencia estética es al mismo tiempo imposible de captar. De allí, que este momento fugaz de la experiencia estética precise de la razón interpretativa para exponer la verdad que contiene. La necesidad de interpretación que las obras tienen es la necesidad que la experiencia estética tiene de aclaración filosófica. La genuina experiencia estética ha de tornarse filosofía. Pero la filosofía, tendría que franquear lo no conceptual con el concepto en tanto sigue ligada a un medio que es el lenguaje referencial, que no permite restituir la inmediatez de la verdad que aparece estéticamente. Sólo en común arte y filosofía podrían abarcar el círculo completo de una verdad que no pueden decir en el ámbito de la racionalidad occidental.

De lo que aquí se trata no es de una reconciliación consensual entre juegos de lenguajes sino de una pluralización de la racionalidad. En palabras de Wittgenstein, una lengua es una forma de vida. La lengua de un pueblo, una cultura, un ser humano posee el mundo expresado e implicado por su lenguaje. Por ello, es necesario situarse en la posición geopolítica y corporal de la alteridad forcluida por el logos colonial-moderno para producir un deslizamiento cognitivo relevante para la comprensión y transformación de esta realidad. La reflexión acerca de la dimensión política de una razón pluralista deja claro que no podemos rebasar el planteamiento que Marx hace del problema sin hacerlo nuestro otra vez de una manera nueva. Defender la incertidumbre de la razón práctica es la mejor defensa de la razón práctica. Una racionalidad capaz de hacer problemático lo que hasta entonces se había considerado axiomático, de llevar a la reflexión lo que hasta entonces era sólo utilizado, de transformar los medios en un tópico, de examinar críticamente el tipo de vida que realizamos. Es la capacidad de pensar nuestro propio pensamiento. La racionalidad como reflexividad en torno a nuestros prejuicios y supuestos nos ofrece el punto de partida para hablar sobre nuestro discurso y los factores constitutivos del mismo.

EXCURSUS SOBRE LA RACIONALIDAD

La trágica ambigüedad de la ley está en el hecho de que intenta introducir un sentido unitario en las cosas en tanto suprime en una violenta síntesis artificial la enorme pluralidad del mundo. El gesto de Descartes, que delimita y distingue lo verdadero de lo falso, precipita en la sinrazón y en la alteridad todo un mundo de cosas y de experiencias. Mientras sea posible fundar este gesto sobre valores, y por tanto motivarlo éticamente, tal violencia es imposible. Deviene visible y explícita en el momento en que estamos fuera de la razón de este mismo gesto, esto es, cuando podemos trazar los límites de aquella razón, sancionar la crisis. Es en este nivel donde es posible captar el sentido de la voluntad de poder de Nietzsche; el orden que nosotros introducimos en el mundo no tiene ningún fundamento, sino en el gesto que instituye por sí mismo su propio derecho, su propia legitimidad.

Hablar de verdad significa cubrir la realidad del dominio con una serie de efectos económicos, políticos y éticos que son introducidos por este mismo dominio como norma. Hablar del cuerpo y su pluralidad, hablar del mundo y de su complejidad contradictoria sin limitarse a llevarlo simplemente a un orden y a un significado, significa construir la razón de la pluralidad. Y esta es la razón de la crisis: la razón crítica, la razón del análisis que pone en juego todo resultado, toda formación en cuanto formación de compromiso, que responde a necesidades reales, pero no puede pretender ni la certeza ni el dominio absoluto. Y no es una casualidad que Theodor Adorno proponga la dimensión del arte como posible lengua de esta razón. La recuperación del pensamiento negativo, la investigación en torno a su legado, se articulan a partir de la ruptura ocurrida en el interior de nuestra conciencia histórica, de un orden de la razón clásica, que es también la ruptura con una tradición marxista anquilosada. No hay mutación, no hay transición sin crisis. Su urgencia es la urgencia de nuevas subjetividades político-espirituales que emergen sobre la escena histórica que exhiben formas de racionalidad plural y alternativas mediante nuevas formas de hablar, operar y contar políticamente. En una palabra, la subjetividad de los incontados en las viejas reglas del orden sensible tecno-instrumental.

Encontrar una genealogía de estas preguntas, reconstruir la historia de esta crisis reexaminar las respuestas significa establecer de una vez por todas, la distancia que nos separa de la racionalidad tecno-instrumental de sus criterios, de sus juicios y de sus decretos. Pero significa también reconocer el acoso y la derrota que ciertas respuestas a la crisis han sufrido históricamente. Repetir las razones del acoso significa reencontrarse otra vez con la palabra liberadora convertida en ruido. Condenada por un episteme de clausura a estar fuera de la racionalidad. Significa dejar la parte más importante fuera del lenguaje más allá de nuestras palabras y de nuestra experiencia. No es posible defenderse de los lenguajes que hablan de este esto definiéndolo como indecente en la medida en que no son técnicas que gestionan el puro dominio de los estados de hechos. No podemos anteponer las grandes palabras a la infancia de la racionalidad para hacer intransitable otras racionalidades que abran el mundo hacia otras palabras hacia otros órdenes.

El hecho de que nuestras construcciones sean parciales, que dejen siempre un resto, que no lo digan nunca todo, que no capten nunca la esencia, no significa que a todo esto se pueda sólo a través de un símbolo mudo. El resto es justamente aquello que pone en juego nuestras certezas. Su condición de incompleto es la estructura misma del saber crítico. Pero justamente por esto sus fronteras son móviles y sus estrategias potentes en cuanto para este saber, nada está fuera del mundo. Es un saber constructivo, pero no en el sentido de la popperiana búsqueda sin fin, que se mueve hacia lo mejor (el máximo de racionalidad) que está inscrito ya en su punto de partida. Constructivo, más que nada en sentido de Walter Benjamin, como en un mosaico de los fragmentos del pasado y del presente. Los fragmentos que la crisis nos ha puesto delante rompiendo los grandes nombres de la lengua de la verdad. Pero la figura que saldrá de este trabajo constructivo: no es simple herencia del pasado (los nuevos sujetos no heredan el pasado deben apropiárselo) ni un desarrollo lineal en las formas de la teleología liberal.

El Dios ha muerto nietzscheano radicaliza la afirmación de Plutarco de que el gran Pan ha muerto con la antigua sentencia germánica todos los dioses deben morir. Según Nietzsche, el pecado y la culpa no son fenómenos que como tales pertenezcan a la existencia humana, sino que sólo tienen que ser en tanto que significan. Cuando la trascendencia pierde su fuerza vinculante y enmudece, el hombre abandonado a sí mismo reclama su libertad. Para el autor, "¡Dios ha muerto! [...] ¡Nunca hubo un hecho más grande, y quienquiera que nazca después de nosotros, pertenece por la voluntad de este hecho a una historia más alta que todas las historias habidas hasta ahora!".[54] Se advierte entonces el vacío, la pobreza y la caducidad de los valores modernos.

La muerte de Dios predicada por Nietzsche abre el espacio de la precariedad: el tiempo de la caducidad y del precipitarse de las cosas en el abismo de la crisis, de la falta de fundamento. Este tiempo, que Nietzsche intentaba mirar gayamente, en la realidad se presenta como un tiempo de tensiones insoportables. La ruptura con la temporalidad lineal, acumulativa y positiva en su versión liberal-capitalista encuentra un *factum* de destrucción opaco e inquietante. Formular la imagen de otro tiempo no lineal interrumpido en términos positivos significa también el choque con lo infigurable. La muerte del sujeto penetra en el interior de la escritura convirtiéndose en conflicto de fragmentos y en espacio aforístico incomprensible. Las razones del cuerpo, la memoria y la experiencia huyen de la dimensión lineal y ahistórica de la razón.

El trabajo fundamental consistiría en liberar los fragmentos de la verdad histórica de sus deformaciones para liberarlo del proceso forclusivo del logos colonial-moderno. En palabras de Fredric Jameson, debemos historizarlo todo en tanto estrategia teórico-crítica de deconstrucción de las falsas tonalidades de la civilización occidental. Sobre todo, para visibilizar mediante una transgresión intersticial los retazos, restos y desechos de historias enterradas que sobreviven en la no-sincronicidad del presente. En fin, vincular las grietas del uni-

---

[54] F. Nietzsche, *La ciencia jovial: "La gaya scienza"*, Caracas, Monte Ávila Editores, 1999, p. 117. Existe también una edición en Akal: *La gaya ciencia*, Madrid, 2001.

versalismo en cuanto epistemología del logos colonial-moderno con la realización histórica de la modernidad occidental en cuanto historia cruenta, conflictiva y violenta.[55] Es una historicidad que reclama una re-lectura del pasado para perturbar el presente. En efecto, la re-construcción narrativa adquiere eficacia simbólica en cuanto restituye un fragmento de la existencia que se ha perdido. En esto la actividad intelectiva actúa como el *shock* traumático que rompe la corriente de la experiencia vivida en la cual pasado y presente se confunden y la obliga, según la formulación de Walter Benjamin, una constatación fáctica cargada de tensiones para reorganizar en un nuevo orden los eventos pasados y los presentes. En este sentido, el análisis se mueve como la escritura proustiana. Es una tarea que reorganiza pasado y presente para el futuro.

Es la construcción de un espacio donde el tiempo perdido deviene una nueva representación del mundo que se experimenta en el interior de una temporalidad subjetiva colectiva. El célebre *dictum* benjaminiano todo documento de cultura es un documento de barbarie desnuda la gigantesca hipocresía de la alta cultura. Sobre todo en tanto la reconstrucción presupone siempre una suerte de conocimiento preliminar de lo que se reconstruye. Donde el trabajo crítico-deconstructivo no es una exhumación romántica del pasado en cuanto reconstrucción nostálgica. Antes al contrario, es un espacio negativo de construcción de otras temporalidades subjetivas mediante la representación de su pasado. En *La obra de arte en la época de su reproductibilidad técnica*, Walter Benjamin describe la destrucción del aura como consecuencia de las aceleraciones y ralentizaciones temporales de imágenes desacralizadas. El desciframiento de los fragmentos en que se descomponen las imágenes desacralizadas construye una imagen del tiempo distinto que viene alcanzado al precio de una profanación, de una verdadera travesía del abismo infernal donde las cosas parecen mostrarse con monstruosa materialidad.

Por tanto, no es una reactivación pura y simple de las razones de la alteridad forcluida contra la razón tecno-instrumental, sobre un terreno que ella no puede transitar. Y, en consecuencia, la experien-

---

[55] F. Jameson, *Las ideologías de la teoría*, Buenos Aires, Eterna Cadencia Editora, 2014, p. 571.

cia de la pluralidad del sujeto comporta una relación distinta y alternativa con el mundo de los objetos. Se trata, no de la afirmación de diferentes procedimientos en el interior de un mismo ámbito racional, sino de la construcción de un espacio y de un sentido donde se representan instancias plurales. Para este espacio y para este tiempo deben encontrarse las palabras un saber capaz de representarlo y de ponernos en condición de cambiarlo. La fragilidad de la existencia humana, como lo diría Simone Weil, es el signo de su más fuerte existencia. La cuestión central se encuentra en lo que significa pensar, la forma de pensamiento que se requiere para pensar la realidad del mundo y la realidad de los sujetos en el mundo. Mucho sobre nosotros y sobre nuestro destino pueden decir los conceptos, pero los conceptos no agotan la razón, ni el pensamiento, ni mucho menos la experiencia de la realidad. Sólo un pensamiento que se mueve mediante conceptos y figuras puede proponernos una experiencia compleja del mundo. Que permita pensar pensamientos que piensan separadamente donde lo inexpresable de la diferencia pueda finalmente tornarse visible.

CAPÍTULO III
El neoliberalismo disciplinario

Desde mediados de los sesenta científicos y filósofos sociales y políticos se enfrentaron a desarrollos económicos, políticos e intelectuales que no se ajustaban a su imagen afirmativa de las sociedades industrializadas del mundo occidental. De allí, la sintomática auto-comprensión de Irving Kristol, uno de los más influyentes teóricos del neoconservadurismo estadounidense, quien se consideraba a sí mismo como un liberal desilusionado por la realidad. En esta dirección, las doctrinas neoconservadora y neoliberal sólo han adquirido su propia y auténtica identidad en la reacción crítica a los movimientos contraculturales de la década de los sesenta. Los orígenes político-espirituales de esta comprensión global del mundo nos retrotraen a la década de los cincuenta. Los conceptos sociales del estructural-funcionalismo entonces dominantes en el campo de las ciencias sociales y políticas desembocan en la concepción según la cual los potenciales del desarrollo político de las sociedades occidentales estarían agotados en un sentido positivo.

Las sociedades de capitalismo industrial habrían entrado en un estadio casi entrópico, sin crisis económicas dramáticas, sin luchas sociales especialmente relevantes sin competencia fundamental de ideologías. El texto *El fin de las ideologías*, Daniel Bell se orientaba con la idea básica de Max Weber, según la cual la obstinada fuerza de la racionalidad científico-técnica sacaría a las sociedades industriales occidentales de las aguas revueltas de la historia y las introduciría en las aguas estancadas de una poshistoria (Gehlen), en la que ya no existirían transformaciones fundamentales. Estaban convencidos de que la lógica obstinada de la racionalización técnico-social suprimiría el suelo al disenso normativo sobre la organización política de este mundo. Finalmente, concibieron un orden social-cibernético que no tuviese la necesidad de una legitimación democrática y de una identificación cultural. Esta concepción de la historia de una paz perpetua fundada en el equilibrio del terror hacia afuera y el compromiso del Estado de bienestar hacia dentro dominante durante la década de los cincuenta, ha decaído irremisiblemente.[1]

Desde mediados de la década de los setenta la doctrina neoliberal-neoconservadora en sus variantes económicas, políticas y culturales ha sido hegemónica en el sistema histórico capitalista. "Los neoconservadores alientan el poder corporativo, la empresa privada y la restauración del poder de clase. Por tanto el neoconservadurismo concuerda totalmente con la agenda neoliberal del gobierno elitista, la desconfianza hacia la democracia y el mantenimiento de las libertades de mercado".[2] Este doble movimiento político-espiritual neoconservador-neoliberal emerge como un proyecto para restablecer las condiciones de acumulación de capital y restaurar el poder de las elites económicas. La ofensiva política-cultural neoliberal-neoconservadora iniciada a mediados de la década de los setenta reflotaba el pensamiento de autores como Karl Popper, Friedrich von Hayek, Milton Friedman, Leo Strauss y Carl Schmitt, entre otros. El entramado de las relaciones intelectuales, los diálogos y las colaboraciones construidas entre ellos forma un patrón cultural impresionante. Independientemente de las diferencias en las formaciones disciplinarias —entre cada uno de ellos— confluyen en la dirección política de la civilización occidental como terreno común de sus intereses cognitivos-políticos. El entrelazamiento de intereses político-espirituales, por encima de las diferencias disciplinarias, es aún más sorprendente.[3]

El consenso político-espiritual con acentos distintos giraba alrededor de la idea de un orden político sujeto a las exigencias inmutables del derecho natural (antiguo o moderno) en tanto la naturaleza humana es intrínsecamente desigual. Por tanto, este orden político (eterno) reflejaría las diferencias naturales en la excelencia humana estando dirigido por una elite adecuada a tal fin. El gobier-

---

[1] H. Dubiel, *¿Qué es el neoconservadurismo?*, Barcelona, Anthropos, 1993, p. 7.

[2] D. Harvey, *Breve historia del neoliberalismo*, Madrid, Akal, 2007, p. 91.

[3] P. Anderson, *Spectrum. De la derecha a la izquierda en el mundo de las ideas*, Madrid, Akal, 2008, p. 18.

no de las elites debe sostener simultáneamente un orden político racional como enfrentar las tentaciones igualitarias representadas por el socialismo. El imaginario de nivelación social es una idea carente de significado en cuanto el orden espontáneo del mercado no solo imposibilita la idea de igualdad, sino que necesariamente soslaya que el éxito en el mercado es pura casualidad.

El mercado es un cosmos donde los agentes individuales en la consecución de sus fines particulares concurren generándose un orden espontáneo auto-regulado. Las normas, procedimientos y organización comunes producen que el interés individual de los agentes en el ejercicio de la libertad (empresa) se convierta en una meta colectiva de ordenación espontánea, individualista y libertaria de la sociedad. "El libre mercado no crece naturalmente; debe ser producido por medios legislativos y otro tipo de medidas intervencionistas".[4] En sentido estricto, "las necesidades y la lógica de dichos mercados son elementos que no existen con total independencia del Estado, sino que están insertos en la estructura institucional y en la estabilidad que éste ofrece. La protección de la propiedad privada, la ejecución de los contratos y otras necesidades dependen de la existencia de una autoridad pública legítima. La determinación de estas reglas y estructuras constituye un proyecto claramente político"[5]. En palabras de Friedrich von Hayek, su defensor más conspicuo:

> El debate no es si debe haber una intervención racional de planificación en la vida económica, sino cuál tipo de planificación [...]. El funcionamiento de la competencia no sólo exige una adecuada organización de ciertas instituciones como el dinero, los mercados y los canales de información —algunas de las cuales nunca pueden ser provistas adecuadamente por la empresa privada—, sino que depende, sobre todo, de la existencia de un sistema legal dirigido, a la vez, a preservar la competencia y a lograr que ésta opere de la manera más beneficiosa posible. No es en modo alguno suficiente que la ley reconozca el principio de la propiedad privada y de la libertad de contrato; mucho de-

---

[4] F. Jameson, *Valencias de la dialéctica*, Buenos Aires, Eterna Cadencia Editora, 2013, p. 528.
[5] S. Sassen, *Una sociología de la globalización*, Buenos Aires, Katz, 2007, p. 96.

pende la definición precisa del derecho de propiedad, según se aplique a diferentes cosas.[6]

Por tanto, el Estado cumple una función constitutiva en la consolidación de la economía global de mercado en tanto posibilita la transformación del encuadre institucional a lo interno del territorio nacional. "Puede concebirse el Estado como la representación de una facultad técnico-administrativa que posibilita la implantación de la economía global corporativa".[7] Su topografía oscila entre el espacio virtual y los territorios nacionales. Estamos asistiendo a un fortalecimiento progresivo de las tendencias al *hiperespacio* en el sentido definido por Fredric Jameson.[8] Las vinculaciones micro-económicas transnacionalizadas han creado una región no-territorial en la economía mundial: un espacio de flujos descentrados y, sin embargo, integrado, que opera en tiempo real y que existe al lado de los espacios constituidos por los Estados-nación. Por tanto, la tensión entre el enmarque westfaliano y los espacios de flujos del capital define las dificultades prácticas y teóricas de los ciclos de acumulación de capital en la actualidad. La agencia que surja de la crisis actual puede resquebrajar la competencia interestatal que ha sido dominante desde el siglo xv en el capitalismo histórico.

Este conjunto de presupuestos ordenan la cosmovisión neoliberal. Entretanto los diagnósticos neoliberales-neoconservadores se convertían en suplementos centrales del vasto programa político-cultural de reculturización global. Este nuevo autoritarismo surge como reacción a la intensificación de los conflictos de clases y a la emergencia de un despliegue multiforme de energías libidinales (la revolución del 68) que desestabilizaban los mecanismos de regulación políticos y económicos, sin posibilidad de generar un nuevo orden. Simultáneamente, la internacionalización del capital transformaba el proceso de acumulación e impulsaba un reordenamiento global de la economía. En efecto, se configuraba a escala nacio-

---

[6] Citado por B. Stolowicz, *op. cit.*, p. 359.

[7] S. Sassen, *Una sociología de la globalización*, cit., p. 70.

[8] F. Jameson, *Una modernidad singular. Ensayo sobre la ontología del presente*, Buenos Aires, Gedisa, 2004.

nal un Estado bifronte que fusionaba la doctrina de seguridad nacional para restablecer un orden jerárquico con un enfoque tecnocrático de la economía que perseguía un bienestar estratificado. El Estado autoritario burocratizaba la esfera política desideologizando las luchas sociales, políticas y culturales sometiéndolas a los imperativos tecnocráticos de la economía. Por tanto, el Estado benefactor debía ser reemplazado, no reformado.

Desde el amplio consenso de elite se impulsaba una crítica frontal al Estado benefactor estableciendo una identidad entre luchas por intereses particulares a lo interno del Estado y la búsqueda de la igualdad como principio articulador de las mismas, la degeneración manifiesta de este proceso conducía a una ataraxia en la economía. El deterioro del Estado benefactor ha distorsionado la naturaleza humana convirtiendo a los ciudadanos en clientes, subordinándolos a los burócratas y sujetándolos a reglas que propician actitudes opuestas al trabajo, a la familia, a la propiedad y al aprovechamiento de las oportunidades. Las consecuencias económicas de este deterioro son visibles: las tasas de crecimiento y la productividad son descendentes. Esto produce un empobrecimiento colectivo que hace cada vez más ilusoria cualquier ganancia particular. Transformando la democracia liberal en un proceso de conflicto donde todos pierden, aunque de manera desigual. El declive de los actores tradicionales (elites) producía una crisis de gobernabilidad. En tanto el mayor peligro es la exaltación anárquica del principio de autodeterminación.

El teorema de la gobernabilidad que consiste como formulación en una explicación que se centra en la pluralización de demandas e inflación de expectativas como las causas fundamentales de la crisis de la democracia occidental. El diagnóstico de Samuel Huntington, Michel Crozier y Joji Watanuki, autores del libro *La crisis de la democracia*, escrito por recomendación de la Comisión Trilateral, fue que la democracia peligra en los Estados Unidos desde la década del 60 por el exceso de participación y de reivindicaciones que planteaban los movimientos contraculturales. Para ellos, algunos de los problemas relacionados con la gobernabilidad provienen de un exceso de democracia. Lo que provoca la crisis de la democracia no es otra cosa que la intensidad de la vida democrática. Las demandas igualitaristas de los 60 habían transformado el presupuesto federal, de allí el requerimiento de una mayor moderación de la democracia. Para Samuel Huntington,

> la esencia de la ola demócrata de los 60 era un reto general al sistema de autoridad existente, tanto el público como el privado. De una forma u otra, este reto se manifestaba en la familia, la universidad, los negocios, en las asociaciones tanto públicas como privadas-, en la política, la burocracia gubernamental y las fuerzas armadas. La gente ya no sentía la misma obligación de obedecer a aquellos que antes había considerado superiores de edad, rango, posición social, pericia, carácter o talento.[9]

El texto *La crisis de la democracia* de la Comisión Trilateral puede ser visto como un suplemento ideológico del ataque neoconservador contra los logros democráticos de estos movimientos en las décadas de los 60 y 70. Desde una perspectiva schumpeteriana de la democracia, ésta es concebida como un mercado político elitista: los votantes son los consumidores y los políticos los empresarios. Ello equivale a decir que la democracia responde a los mismos principios que rigen el mercado (mano invisible). Este contenido normativo de la comprensión de la democracia se contrastaba con la idea de totalitarismo. Esta última se oponía analítica y políticamente con la idea del mundo libre y democrático. Antes bien, esta concepción de la democracia no pudo resistir los embates transformativos de la década de los 60, estos cambios profundos habían desencadenado un espiral de nuevos fenómenos que cuestionaban la capacidad de legitimación de una concepción elitista de la democracia.

La distinción entre una elite ilustrada (empresarios) capaz de cultivar la virtud y una masa amorfa e ignorante (consumidores) que acepta ser guiada por ella se hacía insostenible. Desde la perspectiva abierta por los movimientos contraculturales, la emergencia de la idea de una democracia participativa se había difundido en los movimientos estudiantiles y en el movimiento obrero, sin duda

---

[9] H. Zinn, *La otra historia de los Estados Unidos*, México, Siglo XXI, 2006, p. 414.

como consecuencia del creciente descontento por los escasos logros en esta materia en las sociedades occidentales.[10] Entre tanto, la distinción analítica totalitarismo *versus* democracia fue desplazada por un nuevo frente político-espiritual que se debatía entre una comprensión elitista y otra participativa de la democracia. El crecimiento exponencial de movimientos contraculturales orientados hacia la participación representó un desafío para los neoconservadores y les ofreció motivos para la formulación de la tesis de la ingobernabilidad. De esta forma los autores neoconservadores proponen cambios radicales en el sistema político y la economía:

Uno de los más influyentes autores del *establishment* estadounidense, Zbigniew Brzezinski consejero de Seguridad Nacional del gobierno de Jimmy Carter, sugiere separar crecientemente el sistema político de la sociedad y comenzar a concebir a las dos como entidades estrictamente separadas. El objetivo es sustraer de más en más las decisiones públicas del control político y hacer de ellas la responsabilidad exclusiva de los expertos. El efecto sería una despolitización de las decisiones fundamentales, tanto en el ámbito económico como en el ámbito social y político. En palabras de Norbert Lechner, "la tarea del Estado no es sino asegurar el libre juego del mercado; un retorno a la concepción liberal del Estado como garante de la mano invisible [...]. Lo novedoso son los mecanismos para despolitizar la sociedad y desocializar la política".[11] De modo tópico, la liberalización de la economía y los precios, la apertura a la inversión extranjera, la desregulación financiera, la privatización de las empresas estatales, la flexibilización laboral y la precarización del empleo se convirtieron en un programa político-económico de largo alcance en el sistema histórico capitalista y la región.

Con la idea de que el Estado se ha visto superado por un exceso de demandas, el objetivo de la programática neoconservadora es transferir las funciones del Estado al mercado. Esto contribuye a despolitizar las relaciones sociales, separa de modo tajante la econo-

---

[10] C. B. Macpherson, *La democracia liberal y su época*, Madrid, Alianza Editorial, 1991, p. 113.

[11] N. Lechner, *Obras Completas II. ¿Qué significa hacer política?*, México, Fondo de Cultura Económica/Flacso, 2013, p. 82.

mía de la política y limita la participación democrática. Urge, desde la perspectiva neoconservadora-neoliberal, recuperar las funciones de la religión y de la ética puritana, del trabajo, el orden y la productividad, para estabilizar el sistema. El neoconservadurismo quiere integrar la ilustración del capitalismo económico-administrativo con la tradición de la ética puritana y sostener la ética y los valores que ayudan a mantenerla. Para Irving Kristol, enfrentar al futuro desde las auténticas y probadas maneras de ser de nuestro pasado, es algo que renovará a la civilización estadounidense. Es algo que asegurará el papel de nuestro liderazgo en tanto que colaborará a que la raza humana, como un todo, se dirija hacia la prosperidad, la libertad y la seguridad. El doble vínculo entre neoconservadurismo en el plano político-religioso y el neoliberalismo en el plano político-económico consolidan la pragmática político-espiritual de cambio.

El problema central de la ofensiva neoconservadora y neoliberal era reordenar la producción, la economía, la democracia y la desbordada cuestión social. En tal sentido, parafraseando a Norbert Lechner, la ofensiva neoconservadora-neoliberal debe ser comprendida como una contrarrevolución que invierte el secular proceso de democratización de las diversas esferas del mundo de vida que abrieron los movimientos contraculturales en la década de los 60. En tanto movimiento intelectual, político y económico se auto-interpreta como una reacción a la amenaza contra la libertad burguesa que implicó la emergencia de la democracia participativa en la pluralidad de movimientos y tramas de esta época.

En sentido estricto, la contrarrevolución neoconservadora-neoliberal se puso en marcha. Este proyecto de refundación total de las relaciones sociales implicó una transformación radical y autoritaria en las formas de regulación de las sociedades modernas. En cierto modo, la coincidencia programática entre el neoconservadurismo político y el neoliberalismo económico significó la construcción, sedimentación y consolidación de nuevos imaginarios sociales de amplias consecuencias para las sociedades modernas. El deslizamiento retórico en el campo de la política suponía extender la libertad, la democracia y la libre empresa como principios axiológicos de la ofensiva neoconservadora-neoliberal. En concomitancia con la derrota de la izquierda, en 1968-1973 se consolida una celebración de lo local, lo contingente y lo efímero que caracterizaría el posmodernismo en tanto lógica cultural del capitalismo tardío.

En 1970 el triunfo del candidato de la Unidad Popular Salvador Allende significó el primer presidente elegido con un programa socialista en un país no comunista de Occidente. El programa político prometía la nacionalización total de todas las industrias básicas, de la banca y de las comunicaciones. Una vez asumido el cargo, Allende comenzó rápidamente a cumplir sus promesas electorales, orientando al país hacia el socialismo con su popular lema la vía chilena al socialismo. Se instituyó el control estatal de la economía, se nacionalizaron los recursos mineros, los bancos extranjeros y las empresas monopolistas y se aceleró la reforma agraria. Además, el presidente Salvador Allende lanzó un plan de redistribución de ingresos, aumentó los salarios e impuso un control sobre los precios. En una entrevista realizada a Norbert Lechner en el año 2003 bosquejaba los perfiles de su interpretación del legado del gobierno de la Unidad Popular treinta años después. Para él, en tanto acontecimiento político el gobierno de la Unidad Popular actualizó el sueño revolucionario de libertad, igualdad y fraternidad. A pesar de las ambivalencias, contradicciones y controversias sobre el gobierno del presidente Salvador Allende, su significado histórico profundo es la ruptura política con el logos colonial-moderno en cuanto puso fin al proyecto oligárquico dominante desde 1830.

Se trata de una transacción entre una oligarquía en descenso, pero que guarda el control de la economía, unas clases medias en ascenso, pero sin autonomía para introducir cambios de la estructura económica e institucional, y sectores populares urbanos movilizados, pero de presencia aún difusa y desorganizada [...]. Se trataría de una crisis de hegemonía; la oligarquía ha perdido la dirección político-moral de la sociedad y ni los sectores medios ni las masas populares tienen la fuerza para reemplazarla. La presión popular obliga a una ampliación del consumo y de la participación política, es decir, plantea la compatibilidad de desarrollo económico y democracia como la nueva tarea.[12]

---

[12] *Id.*, *Obras Completas I. Estado y Derecho*, Fondo de Cultura Económica/ Flacso, 2012, p. 387.

El gobierno de Salvador Allende representa un quiebre de la hegemonía del proyecto oligárquico, y por consiguiente, una ruptura con una onda larga en el decurso histórico-social de la región. "En lugar de una razón social que interiorizada por todos funda el orden común, se da una pugna de distintas racionalidades, que se decide por transacciones y, dada la inestabilidad del compromiso, en definitiva, por la fuerza bruta".[13] Entretanto la tarea fundamental era impedir la constitución de una dirección político-moral que cuestionara la vigencia del proyecto oligárquico. A pesar de los desaciertos estratégicos que condujeron a la derrota política mediante el golpe militar se evidenció la ausencia de una mayoría político-cultural para viabilizar el cambio social.

El enfrentamiento con la tradición oligárquica conlleva muchos excesos pero algunos quizás sólo sean la versión exagerada de ciertas virtudes. Por ejemplo, la alegría y la fiesta que reinaban en los primeros años tienen su contraparte en una pérdida creciente de realismo. Junto con gozar una subjetividad largamente reprimida se tiende a olvidar que lo posible tiene límites. Otro ejemplo es, a mi juicio, la reivindicación de las clases populares de ser sujeto efectivo de los cambios en curso. Esa lucha por hacerse actores del proceso social encuentra su cara oscura en un desconocimiento infantil de la lógica específica que gobierna el proceso económico.[14]

La oposición a su programa político fue muy vigorosa desde el principio y hacia 1972 se había producido una grave crisis económica y una fuerte polarización de la ciudadanía. La situación empeoró aún más en 1973, cuando el brutal incremento de los precios, la escasez de alimentos (provocada por el recorte de los créditos externos), las huelgas y la violencia llevaron al país a una gran inestabilidad política. Esta crisis se agravó por la injerencia de Estados Unidos, que colaboró activamente por desgastar al gobierno del presidente Salvador Allende.[15] El proyecto Chile, entre otros aspec-

---

[13] *Ibid.*, p. 389.
[14] *Ibid.*, p. 18.
[15] "El centro de esta actividad fue el Comité Ad Hoc de Chile, con sede en Washington y formado por las principales empresas mineras estadounidenses

tos del proceso de desestabilización iniciado contra el gobierno de Allende, tenía entre sus propósitos producir combatientes ideológicos formados bajo los preceptos monetaristas de la Universidad de Chicago que compitieran contra las teorías de la dependencia latinoamericanas. Los estudiantes —posteriormente llamados los *Chicago boys*— que participaban en Chile desde la Universidad Católica y con fondos de la USAID se convirtieron en entusiastas embajadores de las ideas neoliberales.

La zona cero como se denominó a la Universidad Católica fue contribuyendo a crear el clima de golpe. Los estudiantes se afiliaron al frente fascista Patria y Libertad evocando las movilizaciones de las juventudes hitlerianas. El credo ideológico que se producía en la zona cero implicaba expandir este conocimiento por América Latina enfrentándose a las posiciones ideológicas que impedían la liber-

---

con propiedades en Chile, así como por la empresa que, de hecho, lideraba el comité International Telephone and Telegraph Company (ITT), que poseía el 70% de la compañía telefónica chilena, que pronto iba a nacionalizarse. Purina, Bank of America y Pfizer Chemical también enviaron delegados al comité en varias fases de su existencia. El único propósito del comité era obligar a Allende a desistir de su campaña de nacionalizaciones enfrentándole con el colapso económico [...]. Según las actas de las reuniones que se han hecho públicas, las empresas planeaban bloquear los créditos estadounidenses a Chile y discretamente hacer que los bancos privados de Estados Unidos hicieran lo mismo [...]. El informe del Senado, publicado en junio de 1973, descubrió también que cuando el plan fracasó y Allende llegó al poder, ITT adoptó una nueva estrategia diseñada para asegurarse de que no se mantuviera en el cargo ni seis meses. Lo que alarmó al Senado fue la relación entre los directivos de la ITT y el gobierno de los Estados Unidos. A través de los testimonios y documentos obtenidos durante la investigación, quedó claro que ITT participaba directamente en el diseño al más alto nivel de la política estadounidense respecto a Chile. En un momento dado, un directivo importante de ITT escribió al asesor de Seguridad Nacional, Henry Kissinger, y le sugirió que sin informar al presidente Allende se colocaran en la categoría de revisándose todos los fondos de ayuda internacional asignados a Chile. La empresa se tomó además la libertad de preparar una estrategia de dieciocho puntos para la administración Nixon que contenía una petición clara de un golpe de Estado: Contacten con fuentes fiables dentro del ejército chileno, decía, alimenten y planifiquen su descontentos con Allende y luego propongan la necesidad de apartarlo del poder" (citado por N. Klein, *La doctrina del shock. El auge del capitalismo del desastre*, Barcelona, Paidós, 2007, pp. 97-98, 99).

tad y perpetuaban el atraso y la pobreza. La planificación del golpe se desarrollaba por dos vías paralelas. Por un lado, se avanzaba en la conformación de un nuevo sentido común en el campo de la economía ampliando el ideario de dos celebres neoliberales: Friedrich von Hayek y Milton Friedman. En este aspecto contribuían las visitas y entrevistas que el diario *El Mercurio* les realizaba constantemente, y, sobre todo, su carácter de invitados especiales en los círculos empresariales de Viña del Mar (lugar donde se planeó el golpe de Estado). Por el otro, los militares conspiraban para exterminar al presidente Salvador Allende rompiendo con la cadena de mando dentro de las Fuerzas Armadas chilenas, infiltrando a su personal de confianza y estableciendo un cerco político y militar. La complementariedad de ambas estrategias suponía abrir un diálogo coordinado entre el ideario de los *Chicago boys* que debían tener el programa de medidas económicas antes del día del golpe militar. El 11 de septiembre de 1973 los militares tomaron el poder mediante un golpe de Estado, asesinando a Salvador Allende, quien se encontraba en el Palacio Presidencial La Moneda resistiendo en defensa de su gobierno[16].

En tanto historia efectual, el 11 de septiembre de 1973 puede comprenderse como el principio de inscripción de esta profunda ofensiva cultural, económica y política. Los cambios en las formas de interpelación que desencadenó este acontecimiento histórico implicaron profundos procesos de reinscripción simbólica de los imaginarios de las sociedades, pueblos y culturas en el sistema histórico capitalista. Es en este contexto, precisamos comprender el significado de la experiencia de la Unidad Popular chilena de construcción de un horizonte democrático y socialista. Para Norbert Lechner, "las elecciones presidenciales de 1970 la mayoría de los chilenos votó por un cambio profundo de las estructuras sociales

---

[16] "En el archivo del Departamento de Estado sobre ese acontecimiento existe un cablegrama de la CIA que dice: 'Debemos seguir generando la máxima presión a ese fin, utilizando todos los recursos a nuestra disposición. Es indispensable que esas acciones se lleven a cabo clandestinamente y con seguridad, de forma que el gobierno de los Estados Unidos y la mano estadounidense queden ocultas'" (D. Harvey, *El nuevo imperialismo*, Madrid, Akal, 2007, p. 26).

dentro del marco de la Constitución y del Derecho vigente. Tanto el programa básico de la Unidad Popular como el presidente Allende proponen e impulsan una transformación radical de la sociedad chilena a partir del régimen jurídico-institucional existente".[17] Ciertamente, el golpe de Estado al presidente Salvador Allende el 11 de septiembre de 1973 en Chile puso punto final al primer experimento de un gobierno socialista elegido democrática y popularmente en Occidente[18]. Pese a que la Unidad Popular chilena manifestaba someterse al sistema de las democracias capitalistas representativas patrocinadas por Washington, la administración estadounidense la consideró intolerable.

El Golpe de Pinochet, el 11 de septiembre de 1973, que llevó a la muerte de Salvador Allende y a la destrucción del régimen de la Unidad Popular en Chile, fue el evento mayor con el cual se inició este específico periodo histórico y en particular su dimensión contrarrevo-

---

[17] N. Lechner, "La problemática actual del Estado y del derecho en Chile", *OSAL*, 8 (22), septiembre, Buenos Aires, Clacso, 2007, p. 189.

[18] En 1975, los comités de las Cámara y del Senado abrieron investigaciones sobre el FBI y la CIA. Por un lado, entre 1956 y 1971 el FBI llevó a cabo un masivo programa de contraespionaje conocido como Cointelpro que violaba abiertamente los derechos de la ciudadanía estadounidense. La investigación sobre el FBI había puesto al descubierto las acciones ilegales encaminadas a destruir al movimiento afroamericano de defensa de los derechos civiles, los grupos estudiantiles contra la guerra y la diversidad de manifestaciones contraculturales de la década de los 60. Por otro lado, se tenía entre los resultados de la investigación que la CIA había introducido el virus de la peste porcina africana en Cuba, y también reveló que la CIA en connivencia con un secreto Comité de los Cuarenta encabezado por Henry Kissinger había trabajado para desestabilizar al gobierno de Salvador Allende. "El Comité Church puso al descubierto operaciones que tenían como propósito influir en las mentes de los americanos de forma secreta: La CIA está en estos momentos utilizando a varios de cientos de académicos americanos quienes, además de proporcionar accesos y, en ocasiones, hacer presentaciones que benefician a los servicios de inteligencia, escriben libros y otros materiales que se utilizan para hacer propaganda en el extranjero [...]. Estos académicos se encuentran localizados en más de 100 colegios y universidades de América, así como en instituciones relacionadas con ellas. El Comité descubrió que la CIA había publicado, subvencionado o patrocinado más de mil libros antes de finales de 1967" (H. Zinn, *op. cit.*, p. 411).

lucionaria [...]. Tras las derrotas en Vietnam y en Argelia, que conti-
nuaban las ocurridas antes en China y Corea del Norte, para la coali-
ción imperialista y su Estado hegemónico, la revuelta nacionalista y
socialista latinoamericana, en el momento mismo en que se hacían
explícitas dificultades crecientes en la estructura mundial de acumulación, no podía ser tolerada. Y muy en especial, un régimen como el de
Allende, que era nada menos que el resultado del desarrollo de un movimiento político-social que había logrado, después de varios intentos,
usar con éxito las propias reglas de juego de la democracia liberal, para
establecer el control de los representantes políticos de los trabajadores
y de las capas medias asociadas, sobre el Estado. Y que precisamente
por eso era mundialmente acogido por los trabajadores y socialistas de
todo el mundo, como una genuina alternativa al socialismo real.[19]

El golpe de Estado contra el presidente Salvador Allende, pro-
movido por la Administración Nixon, produjo la primera avanzada
del neoliberalismo disciplinario parafraseando a Stephen Gill. Este
se refiere, al conjunto de reglas, leyes y normas nacionales e internacionales con carácter excepcional —en el sentido de Carl Schmitt— que reorganizó la economía y la política bajo la orientación
neoliberal. Incluye, como forma de disciplinamiento el uso irrestricto de la violencia policial y militar para la pacificación política
de la sociedad. La organización de la producción, la población y el
territorio bajo el principio de la seguridad estratégica de Occidente
ante la amenaza comunista suponía la instrumentación de un conjunto de dispositivos, procedimientos y tecnologías que inaugura-
ban la nueva anatomía del poder que combinaba y complementaba
lo económico y militar. "En los días que siguieron al golpe, unos
trece mil quinientos civiles fueron encarcelados, según un informe
de la CIA recientemente desclasificado. Miles acabaron en los dos
principales estadios de fútbol de Santiago, el Estadio de Chile y el
enorme Estadio Nacional. Dentro del Estadio Nacional, la muerte
reemplazó al fútbol como espectáculo público".[20]

---

19 A. Quijano, *Allende otra vez ante el umbral de un nuevo periodo histórico*, en
[http://www.purochile.org/quijanoa.doc], 2003, pp. 2-4.
20 N. Klein, *op. cit.*, p. 111.

El conjunto de políticas económicas neoliberales le subyacen dos elementos concomitantes y complementarios entre sí: la fuerza militar y el terror político. El ideal de la disciplina de los cuerpos apunta a la identificación total con la organización —lo cual quiere decir estar dispuesto a destruir las identidades individuales y colectivas y a sacrificar los presupuestos sociales y culturales que no coincidan con la anatomía disciplinaria del neoliberalismo. El retorno a la corporación trasnacional es, simultáneamente, una política económica de la totalidad del campo social bajo el principio ordenador de la competencia económica. Principios que integran la empresa y el consumidor dentro de un nuevo marco analítico. Sociedad empresa y sociedad judicial, sociedad ajustada a la empresa y sociedad enmarcada por una multiplicidad de instituciones judiciales: son dos caras de un fenómeno que comienza a configurarse y consolidarse desde la década de los 70. De ese modo queda invertido el *laissez-faire* y el mercado ya no es un principio de autolimitación del gobierno, es un principio que se vuelve contra él. Es en sentido estricto un tribunal económico frente al gobierno. Esto significa que el análisis en términos de economía de mercado servirá como esquema capaz de aplicarse a ámbitos no-económicos. La anatomía de las nuevas técnicas, procedimientos y dispositivos implican desbordamientos del análisis económico hacia ámbitos otros del comportamiento humano (sociológicos, políticos y éticos, entre otros).

La ambición del discurso neoliberal es subsumir y generalizar la forma económica del mercado a la totalidad del cuerpo social. Estos presupuestos normativos suponían la defensa de los intereses de los grandes propietarios capitalistas creando los prerrequisitos funcionales para el ejercicio libre de la economía de mercado, incluyendo que los salarios de los trabajadores debían ser establecidos por el mercado. En sentido estricto, la teología política neoliberal de la sociedad de propietarios fue realizada en Chile desde el 11 de septiembre de 1973. La cuestión central del neoliberalismo pasa por ajustar el ejercicio global del poder político a los principios de una economía de mercado. En consecuencia, no se trata de liberar un lugar vacío sino de proyectar en un arte general de gubernamentalidad neoconservadora-neoliberal los principios de reordenación del sistema histórico capitalista.

El neoliberalismo no va a situarse bajo el signo del *laissez-faire*, por el contrario, se va consolidar bajo el signo de la vigilancia estricta de los cuerpos, convirtiéndose en una actividad de intervención permanente. El principio rector será la libertad de mercado necesita una política activa y extremadamente vigilante. La concentración del mando militar sobre toda la producción hace que la sociedad retorne al estadio del dominio inmediato. La dictadura impuso el orden a través de pelotones de fusilamiento para facilitar un programa económico basado en una terapia de shock diseñado por los denominados *Chicago boys* bajo la fórmula de la derecha: una economía libre en un Estado fuerte.

El tratamiento de choque económico neoliberal de los *Chicago boys* implicaba una cruzada radical de promoción de políticas de libre-comercio[21]. El golpe de Estado se convierte en el lugar fundamental de instrumentación de las medidas económicas, políticas y militares que inauguran una época signada por la contrarrevolución neoconservadora-neoliberal. Así, el golpe del 11 de septiembre de 1973 marcaría el inicio de un nuevo modelo económico de privatizaciones y liberalización, el cual sería replicado, instrumentado e impuesto en la mayoría de las sociedades del sistema histórico capitalista bajo una variedad de modalidades con el argumento que fomentaba la libertad de empresa y aumentaba la productividad. El monetarismo remplazaría al viejo modelo proteccionista de industrialización con fuerte intervención estatal y sustitución de importaciones.

Todo este proceso, incluido el pragmatismo, sirvió para proporcionar una demostración útil para apoyar el subsiguiente giro hacia el

---

[21] "El periodo de crecimiento continuado de la nación que se cita como prueba de su milagroso éxito no empezó hasta mediados de los 80, una década entera después que los de Chicago implementaran su terapia de schock y bastante después de que Pinochet se viera obligado a cambiar radicalmente el rumbo. Y sucedió porque en 1982, a pesar de su estricta fidelidad a la doctrina de Chicago, la economía de Chile se derrumbó: explotó la deuda, se enfrentaba de nuevo a la hiperinflación y el desempleo alcanzó el 30% diez veces más que con Allende [...]. La situación era tan inestable que Pinochet se vio obligado a hacer exactamente lo mismo que había hecho Allende nacionalizó muchas de estas empresas" (N. Klein, *op. cit.*, p. 121).

neoliberalismo tanto en Gran Bretaña (bajo el gobierno de Thatcher) como en Estados Unidos (bajo el de Reagan) en la década de 1980. De este modo, y no por primera vez, un brutal experimento llevado a cabo en la periferia se convertía en un modelo para la formulación de políticas en el centro.[22]

El 11 de septiembre de 1973 como marcador temporal sentó las bases de la globalización neoliberal que se basa en el principio rector de desmantelamiento y reducción del Estado para permitir que la empresa privada (libertad) pueda expandirse creando riqueza y bienestar. Pero, además, preparó el camino para la liberalización del mercado de los años 80s y 90s. Para los economistas de la escuela de Chicago se imponía dar paso a una economía abierta a las importaciones y al libre flujo de capital extranjero. Pese a que ello implicaría una inicial destrucción de muchas industrias que producían para el mercado interno, el aumento del desempleo y la reducción de salarios reales y condiciones laborales, a la larga —se sostenía— se permitiría una nueva acumulación de capital. Desde entonces se fue diseñando una estrategia destinada a facilitar el libre movimiento de capitales con el propósito de ir reduciendo los costes de la fuerza de trabajo y de lograr una recuperación de la tasa de ganancia mediante una política económica neoliberal (liberalizaciones, privatizaciones, despojo de bienes comunes) que se ha ido extendiendo a escala global, especialmente durante el decenio de los 80. En todo caso, en el 11 de septiembre de 1973 como fecha de inscripción de la ofensiva neoconservadora-neoliberal están subsumidos un conjunto de acontecimientos que señalan el fin definitivo de los 60 en un modo global.

El fin de los reclutamientos y la retirada de las tropas estadounidenses de Vietnam (1973) significan el fin de la política de masas del movimiento pacifista americano, mientras la firma del Programa Común entre el partido comunista y el nuevo partido socialista en Francia pareciera marcar un estratégico rechazo al tipo de actividades políticas asociadas con Mayo del 68 y sus consecuencias. Este es también el movimiento cuando, como resultado de la guerra de *Yom*

---

[22] D. Harvey, *Breve historia del neoliberalismo*, cit., p. 15.

Kippur, emerge el arma del petróleo y administra un diferente tipo de shock en las economías, las estrategias políticas y en los hábitos de la vida diaria de los países avanzados.[23] De manera concomitante, los intelectuales neoconservadores comenzarán a repensar el fracaso en Vietnam en términos de una estrategia global para los intereses estadounidenses. Pero, también, el establecimiento de la Comisión Trilateral será, al menos simbólicamente, un marcador significativo en el restablecimiento de la autoridad de las clases dirigentes.

Así, como lo diría el propio Fredric Jameson, parece apropiado marcar el definitivo final de los 60 en el área general de 1972-1974. En esta fecha, en tanto marcador temporal, se marca el inicio de una crisis económica mundial, cuya dinámica de reestructuración global está simbolizada en la emergencia de los gobiernos de Ronald Reagan y Margaret Thatcher en sus luchas contra el comunismo de la Unión Soviética y en las recomendaciones de política económica neoliberal que se imponen como sentido común a partir de este momento. A mediados de los años 70 Irving Kristol patrocinó desde la revista *The Public Interest* (un importante centro de difusión de ideas neoconservadoras) las teorías de la *supply-side economics* que tanta importancia tuvieron luego bajo el gobierno de Ronald Reagan. La misión que se dio a Ronald Reagan, en el plano interno, fue la de desmantelar el Estado de bienestar, reducir las funciones reguladoras y distributivas del Estado en beneficio de las grandes corporaciones y, fuera de sus fronteras, detener el avance del movimiento crítico y revolucionario contra el capitalismo.

La profundización de esta dinámica neoconservadora tendrá en los ataques terroristas del 11 de septiembre de 2001 el punto de inflexión del neoliberalismo disciplinario como nueva forma de regulación social y política. El 11 de septiembre del 2001 sienta las bases para la promoción de un nuevo orden económico y militar en el cual los Estados Unidos conciben, desarrollan y fortalecen su rol de policía mundial para erradicar al terrorismo teniendo licencia de intervención militar en los lugares que consideren necesario. Tras este dramático acontecimiento el gobierno de George W. Bush desarrolló un proyecto de incremento militar y desarrolló

---

[23] F. Jameson, *Periodizar los sesenta*, Buenos Aires, Alicon, 1997, pp. 72-73.

una justificación de la intervención con el concepto de guerra preventiva. La doctrina de la prevención significó un desplazamiento de la contención y la disuasión selectiva características de la Guerra Fría.[24] Ciertamente, el 11 de septiembre (1973 y 2001) ha servido como justificación esencial de la ofensiva neoconservadora para explicar las patologías de la modernidad occidental y desarrollar en consecuencia —desde su perspectiva— un conjuntos de políticas terapéuticas de carácter neoliberal que atiendan esta compleja situación.

Entre tanto, su visión se ha consolidado como resultado de las transformaciones globales que ha impulsado en una diversidad de ámbitos. En sentido estricto, el 11 de septiembre ha fortalecido el proyecto de la derecha republicana y su agenda de refundación total de los dispositivos de regulación social y política. Permitiendo el despliegue de una estrategia militar, económica y política de escala planetaria. Estrategia inscrita en el proceso de transformaciones que se inició el 11 de septiembre de 1973 y se profundizó el 11 de septiembre de 2001. Las concepciones teóricas e ideológicas del neoconservadurismo se han convertido en suplemento fundamental de la política del presidente George W. Bush. En este sentido, uno de los *think tanks*[25] más importante de los últimos años ha bos-

---

[24] M. A. Contreras Natera, "Imperio y fin de siècle", *Cuadernos del Cendes*, 64, Caracas, pp. 98-101. Véase también *id.*, *Una geopolítica del espíriru. Leo Strauss, la filosofía política como retorno y el imperialismos estadounidense*, Caracas, Fundación CELARG, 2011.

[25] Una de las características de los *think tanks* de la derecha estadounidense es el financiamiento, entrenamiento y facilitación del personal requerido con el fin de transformar el espíritu de época y el clima intelectual en los Estados Unidos. "En la actualidad hay más de 1.200 tanques pensantes que influyen en la elaboración de políticas en Estados Unidos. Algunos como la Heritage Foundation, el Centro de Estudios Estratégicos e Internacionales y la Fundación Brookings son activos en asuntos externos y de seguridad. Uno de los aspectos cruciales de los *think tanks* es proveer personal en los niveles medios y altos de la rama ejecutiva. En Estados Unidos, cada administración trae consigo un trasiego enorme de miembros de ese personal. Los centros de investigación y análisis ayudan a los presidentes y a los secretarios a llenar ese vacío [...] George W. Bush ha ocupado a importantes *think tanks* individuales de carácter conservador en los más niveles de gobierno. Condolezza Rice, Consejera de

quejado la hoja de ruta de la política exterior estadounidense en uno de sus documentos fundacionales.

LA OFENSIVA CONTRARREVOLUCIONARIA

La doctrina neoliberal en tanto dispositivo tecno-económico de reestructuración global del capital en tanto orden legal-sensible ha tenido cuatro etapas sucesivas, discernibles y diferenciadas entre sí en la región. La primera se refiere a los experimentos autoritarios de implantación del neoliberalismo disciplinario mediante los golpes de Estado militares en Chile y Argentina combinados con la poderosa ofensiva político-cultural. El disciplinamiento de los imaginarios sociales y políticos se convierte en el objetivo medular de la estrategia global del capital. Una segunda de ajuste y estabilización con la instrumentación de políticas de ajuste estructural recomendadas por el FMI y el Banco Mundial para enfrentar la simultaneidad entre la crisis del endeudamiento y la crisis del modelo de desarrollo que tiene a México como el epicentro de esta etapa. De modo tópico, coincide con la transición de los regímenes autoritarios hacia una visión pactada de la democracia. Una tercera de profundización de las reformas estructurales, que supone una transición de las

---

Seguridad Nacional; Paul Wolfowitz, Subsecretario de Defensa, Richard Perle, exChairman del Defense Policy Borrad, entre otros" (C. Mendoza y A. Villanueva, "Cuatro años más del poder del conservadurismo", en *El Cotidiano*, 130, México, Universidad Autónoma Metropolitana, 2005, p. 92). El mejor ejemplo de un *think tank* al servicio de los neoconservadores es el Proyecto para un nuevo siglo americano. Creado en 1997 y centrado en temas de relaciones internacionales, ha desarrollado su influencia publicando cartas abiertas a presidentes firmadas por personalidades de gran relevancia, no necesariamente neoconservadoras, e informes. En todo caso, hay otros *think tanks* que albergan analistas o directivos adscritos a las tesis neoconservadoras. El principal de ello es el American Enterprise Institute for Public Policy Research (AEI), creado en 1943. Sus áreas de interés se centran en la política económica, la política exterior y de defensa. Los investigadores del AEI claramente neoconservadores son Irving Kristol, Richard Perle, Lynne Cheney (esposa del vicepresidente Richard Cheney), Michael Ledeen y Dave Wursmser. El AEI es elegido eventualmente como lugar para dar importantes discursos de política exterior.

políticas de ajuste hacia la consolidación de reformas estructurales. Por último, una cuarta etapa de consolidación de las reformas y restauración de los niveles de inversión. Desde una perspectiva programática, el documento *Transformación Productiva con Equidad* (1990) de la CEPAL, el trabajo de Enrique Iglesias (presidente de BID) *Reflexiones sobre el desarrollo económico* (1992) y el célebre manuscrito *Más Allá del Consenso de Washington* (1998) del Banco Mundial representan las líneas fundamentales del enfoque pos-liberal en la región. El Consenso de Buenos Aires desde una perspectiva político-espiritual supone la puesta al día de esta estrategia multidimensional.[26]

Las dictaduras de Augusto Pinochet en Chile y Jorge Videla en Argentina (neoliberalismo disciplinario), los gobiernos de Ronald Reagan en Estados Unidos y Margaret Thatcher en Inglaterra se convirtieron en las primeras experiencias de conducciones políticas neoliberales. El neoliberalismo logró imponerse como un régimen de existencia de lo social y un modo del mando político mediante las cruentas masacres ejecutadas por las dictaduras militares del Cono Sur.[27] En el *Informe Nunca Más* se presentan de forma dramática la combinación entre diagramas y dispositivos de terror como testimonio histórico de la sistematicidad de la muerte física y simbólica.

De la enorme documentación recogida por nosotros se infiere que los derechos humanos fueron violados en forma orgánica y estatal por la represión de las Fuerzas Armadas. Y no violados de manera esporádica sino sistemática, de manera siempre la misma, con similares secuestros e idénticos tormentos en toda la extensión del territorio. ¿Cómo no atribuirlo a una metodología del terror planificada por los altos mandos? ¿Cómo podrían haber sido cometidos por perversos que actuaban por su sola cuenta bajo un régimen rigurosamente militar, con todos los poderes y medios de información que esto supone? ¿Cómo puede hablarse de "excesos individuales"? De nuestra información surge que esta tecnología del infierno fue llevada a cabo por sádicos pero regimentados ejecutores. Si nuestras inferencias no bastaran,

---

[26] B. Stolowicz, *op. cit.*, pp. 16-17.
[27] V. Gago, *La razón neoliberal. Economías barrocas y pragmática popular*, Buenos Aires, Tinta Limón Ediciones, 2014, p. 9.

ahí están las palabras de despedida pronunciadas en la Junta Interamericana de Defensa por el jefe de la delegación argentina, General Santiago Omar Riveros, el 24 de enero de 1980: "Hicimos la guerra con la doctrina en la mano, con las órdenes escritas de los Comandos Superiores". Así, cuando ante el clamor universal por los horrores perpetrados, miembros de la Junta Militar deploraban los "excesos de la represión, inevitables en una guerra sucia", revelaban una hipócrita tentativa de descargar sobre subalternos independientes los espantos planificados [...]. En el curso de nuestras indagaciones fuimos insultados y amenazados por los que cometieron los crímenes, quienes lejos de arrepentirse, vuelven a repetir las consabidas razones de "la guerra sucia", de la salvación de la patria y de sus valores occidentales y cristianos, valores que precisamente fueron arrastrados por ellos entre los muros sangrientos de los antros de represión.[28]

Pero, también, los imperativos modernizadores de las reformas económicas se consolidaron transfiriendo los costos a sectores indefensos a través de una recesión aguda y el desempleo de más de un tercio de la población. Los golpes de Estado en Chile y Argentina promovidos por las elites económicas nacionales con la anuencia del gobierno estadounidense lograron cimentar el miedo como la nueva sensibilidad al promover políticas de represión, desapariciones forzadas y silenciamiento político como la anatomía disciplinaria del neoliberalismo. En el caso de la experiencia chilena "reprimió de manera violenta todos los movimientos sociales y las organizaciones políticas de izquierda y desmanteló todas las formas de organización popular (como los centros de salud comunitarios de los barrios pobres) que existían en el país".[29] El transito del desarrollo nacional al crecimiento económico supone una nueva semántica enfocada en los objetivos de la transnacionalización de la economía. Posteriormente, las políticas de ajuste estructural completarán la restructuración de las economías locales en función de la transnacionalización del mercado mundial.

---

[28] E. Sábato, "Prólogo", en *Nunca más*, Buenos Aires, Informe de la Comisión Nacional sobre la Desaparición de Personas, 1984, pp. 2-3.

[29] D. Harvey, *Breve historia del neoliberalismo*, cit., p. 14.

La primera etapa comienza ya en abril de 1975, cuando Pinochet entrega la política económica al equipo neoliberal. El objetivo prioritario consiste en romper radicalmente con las tendencias inflacionarias; la inflación apenas había bajado de 605 % en 1973 a 369 % en 1974. Esta política de choque deviene pronto un programa de reestructuración económica que va configurando el modelo neoliberal: se acelera la privatización de las empresas públicas, se reestructura el sector financiero, se abre la economía nacional mediante una baja de los aranceles y un nuevo estatuto para la inversión extranjera, se estimulan las importaciones y la diversificación de las exportaciones. La segunda fase del ajuste consiste en las modernizaciones que lleva a cabo Pinochet mediante la reforma laboral (1979), la municipalización de los servicios educacionales y de salud (1980) y la reforma de la previsión social (1981). Esta modernización autoritaria y excluyente modifica la estructura social y altera las pautas de sociabilidad.[30]

Globalmente, en América Latina, el consenso sobre el carácter monetario de la inflación la adopción de políticas de ajuste estructural para enfrentar la crisis de endeudamiento y la crisis del modelo de desarrollo consolidó una agenda político-espiritual de amplias resonancias económicas y culturales.

Se cambió el sistema de interpelaciones ideológicas a través de las cuales las mayorías se habían acostumbrado a identificarse y reconocerse. La historia política del país nos había habituado a constituirnos como individuos y como grupos en torno a los discursos que nos convocaban como ciudadanos o compañeros: en el último decenio, mientras que ese lenguaje era suprimido, el discurso mercantil nos interpelaba como consumidores, ahorristas e inversores.[31]

Indudablemente, articulada en torno al Consenso de Washington así como a instituciones multilaterales como el Banco Mundial,

---

[30] N. Lechner, *Obras Completas III. Democracia y Utopía: la tensión permanente*, México, Fondo de Cultura Económica/Flacso, 2014, p. 323.

[31] N. García Canclini, "Cultura militar y poder civil en la Argentina", en H. Zemelman (coord.), *Cultura y política en América Latina*, México, Siglo xxi, 1990, p. 56.

FMI y la OMC, logró convertirse en un sentido común epocal. El objetivo central de la ofensiva neoliberal era reorientar radicalmente la economía, la política, el derecho y la sociedad. Reescribiendo y subsumiendo bajo un único principio explicativo la causa de los problemas en la región. Por consiguiente, el mercado se convirtió en la instancia fundamental para la individuación del crecimiento económico. El tránsito del Estado de bienestar al Estado mínimo definía los nodos de una economía centrada en el mercado como nuevo principio alocativo. La programática teórico-política apuntaba a fortalecer un desplazamiento global de la economía política. El Estado neoliberal en la acepción de David Harvey implicaba que, "las libertades que encarna reflejan los intereses de la propiedad privada, las empresas, las compañías multinacionales, y el capital financiero".[32] Por tanto, "la tarea del Estado no es sino asegurar el libre juego del mercado; un retorno a la concepción liberal del Estado como garante de la mano invisible [...]. Lo novedoso son los mecanismos para despolitizar la sociedad y desocializar la política".[33]

Las prescripciones y orientaciones de la política económica han sido concebidas como una estrategia única instrumentada a un conjunto heterogéneo de situaciones. En el caso del FMI cada documento de préstamo específica unas condiciones básicas. La condicionalidad se refiere a condiciones extremadamente rigurosas que convierten el préstamo en una herramienta de política de intervención. El FMI establece como premisa la liberalización de los mercados financieros condicionando los préstamos, plazos y abonos a la subordinación de pasos verificables hacia el objetivo medular de la desregulación de los mercados. Marcando plazos estrictos de treinta, sesenta y noventa días para la realización de los desembolsos financieros. Los acuerdos establecen qué leyes deben aprobar para cumplir con los requisitos y objetivos del FMI y en qué plazo deben cumplirse. La ideología tecnocrática de los programas de ajuste estructural mina la soberanía nacional vaciando de contenido los procesos democráticos nacionales. Las formas que adquieren los pro-

---

[32] D. Harvey, *Breve historia del neoliberalismo*, cit., p. 14.
[33] N. Lechner, *Obras Completas II. ¿Qué significa hacer política?*, cit., p. 82.

gramas de ayuda fondomonetaristas apuntan a vulnerar los procesos políticos de legitimación democrática. En sentido estricto la condicionalidad del préstamo trasciende el ámbito de la economía colonizando con su programática a la sociedad y el Estado como un todo.

El proceso de neoliberalización ha acarreado un acusado proceso de destrucción creativa, no sólo de los marcos institucionales previamente existentes (desafiando incluso las formas tradicionales de soberanía estatal) sino también de las divisiones del trabajo, de las relaciones sociales, de las áreas de protección social, de las combinaciones tecnológicas, de las formas de vida y de pensamiento, de las actividades de reproducción, de los vínculos con la tierra y de los hábitos del corazón.[34]

En el manejo tecnocrático de las crisis cíclicas del capital se imponen condiciones estrictas para subir las tasas de interés, reducir el gasto público, liberalizar la economía y los precios, apertura a la inversión extranjera, desregulación financiera, privatización de las empresas estatales, flexibilización laboral y precarización del empleo, entre otros aspectos que contribuyan a la implantación de las reformas estructurales. Es decir, la construcción de un entorno para el funcionamiento de la globalización neoliberal. En esta dirección, el FMI y el Banco Mundial se convirtieron en instituciones fundamentales en la consolidación de los intereses de la comunidad comercial y financiera occidental (especialmente Estados Unidos e Inglaterra) convirtiéndose en instrumentos útiles para proyectar la influencia estadounidense en materia de desregulación financiera. Más que simples fuentes de fondos que se ofrecen o se niegan, el FMI y el Banco Mundial, son fuentes de ideas angloestadounidenses sobre cómo se debe dirigir una economía y cada vez más un sistema de gobierno.

Ajuste estructural y reificación

En América Latina, la búsqueda de herramientas y vías para enfrentar la crisis en curso tomó algún tiempo más. Los gobiernos de

---

[34] D. Harvey, *Breve historia del neoliberalismo*, cit., p. 7.

la gran mayoría de los países intentaron contrarrestar, sobre todo en los primeros años (1974-1980), el dinamismo en vías de perderse mediante la contratación de una creciente deuda externa para seguir financiando como antes la infraestructura, las inversiones, el fomento al sector privado y el Estado de compromiso nacional popular en sus distintas y diversas versiones latinoamericanas, ya que la situación crítica fue percibida por muchos como una crisis fiscal del Estado. La facilidad para conseguir los préstamos fue posible, gracias al exceso de liquidez de la banca privada internacional debido al flujo de los petrodólares después del incremento de los precios de exportación a finales de 1973. Pero este endeudamiento no condujo en ningún país a una mayor estabilidad, para no hablar del retorno de los años de crecimiento veloz de la modernización en vías de agotarse.

Como consecuencia del agotamiento del paradigma del desarrollo en su versión dominante (cepal) surgieron dos fenómenos que agravaron rápidamente la situación y la convirtieron, para los inicios de los ochenta, en una crisis: a) la baja capacidad de ahorro para la formación interna de capital en los países de América Latina debida a numerosos factores, cuestión esta última que intentaron subsanar los gobiernos a través del endeudamiento externo; b) el aumento del desempleo y del deterioro e informalización de los mercados de trabajo. Finalmente, en 1982 y empezando por México, el servicio de la deuda comenzó a pesar tanto que se convirtió en crisis, entrelazándose con la crisis estructural en marcha desde hacía más de un quinquenio. Cuando México declara en agosto de 1982 su incapacidad de cumplir con el servicio de la deuda opera el efecto dómino en los demás países de América Latina, se entrelaza la crisis estructural, esto es: la del modelo de desarrollo, con la del endeudamiento externo.

El fmi y el Banco Mundial se convirtieron a partir de entonces en centros de la propagación y la ejecución del fundamentalismo del libre mercado y de la ortodoxia neoliberal. A cambio de la reprogramación de la deuda, a los países endeudados se les exigía implementar reformas institucionales, como recortar el gasto social, crear legislaciones más flexibles del mercado de trabajo y optar por la privatización. Y he aquí la intervención de los ajustes estructurales. México fue uno de los primeros Estados que cayó en las redes de lo que iba a convertirse en una creciente columna de aparatos estatales neoliberales repartidos por todo el mundo.[35]

En este contexto, los distintos gobiernos latinoamericanos acometieron una serie de medidas económicas (políticas de ajuste estructural) tendientes a estabilizar inicialmente los principales indicadores macroeconómicos. Sin embargo, la instrumentación de los programas de ajuste estructural durante la década de los ochenta, tenía el propósito explícito de resolver la crisis de la región, según el decir de los más reconocidos voceros del neoliberalismo. Antes bien, los programas de ajuste requieren ser evaluados en dos aspectos conceptualmente diferenciados[36]. En primer lugar, como política de ajuste y mecanismo para el restablecimiento a corto plazo de las principales variables macroeconómicas y el pago de la deuda. Y en segundo lugar, como cambio estructural de la economía y la política. Desde la perspectiva de los portavoces neoliberales las reformas estructurales persiguen establecer mecanismos de modernización para adecuar la región a las exigencias objetivas del nuevo orden económico internacional. En sentido estricto, "el Estado neoliberal debería buscar de manera persistente reorganizaciones internas y nuevos pactos institucionales que mejoren su posición

---

[35] *Ibid.*, p. 36.

[36] Los programas de ajustes que el FMI prescribe para los países centrales tienen dos dimensiones. En primer lugar, para los países centrales las medidas estructurales pueden ordenarse en dos grandes categorías: primero, las que ponen fin a una utilización ineficiente de recursos y que permiten una adaptación más rápida a la innovación tecnológica y los precios relativos; y segundo, las que elevan el potencial de producción creando un excedente de recursos productivos o aumentando la productividad global. Estas medidas son, por ejemplo, la promoción de la I&D y la aplicación más efectiva de los conocimientos técnicos a la producción. Como se advierte, se trata de un ajuste volcado al sector real de la economía y referido a la mejor utilización de recursos, al aumento de la producción y a la absorción de innovaciones tecnológicas. La retórica del *downsizing* y el desmantelamiento del Estado, es en consecuencia un artículo destinado al consumo de los países de la periferia y no una política seriamente considerada en los países centrales.

competitiva como entidad en relación con otros Estados en el mercado global".[37]

El neoliberalismo disciplinario instalado regionalmente con las dictaduras militares en Chile y Argentina, y posteriormente en las décadas siguientes como políticas de ajuste y reforma estructural en la mayoría de los países latinoamericanos, consolidó formas reificadas de existencia humana en tanto disposición puramente instrumental que inoculaba una docilidad interesada. En definitiva, este anudamiento entre la forma inicial –literalmente represiva y autoritaria- con la etapa subsiguiente basada en la promoción de la idea de libertad económica como desplazamiento en las formas de interpelación cimentó un imaginario de cambio cultural en clave mercantilizada. El concepto de reificación en tanto explicación socio-ontológica de las formas patológicas que adquiere la existencia humana en el capitalismo histórico designa las formas extremas de utilización instrumental de la vida humana. Para Axel Honneth, "Lukács ve en la reificación no un quebrantamiento de principios morales, sino un desacierto en una praxis o en una forma de actitud humana que define la racionalidad de nuestra forma de vida".[38] Tanto las personas con sus prácticas y sentimientos como la naturaleza con su variedad de interpretaciones son experimentados como objetos cósicos tan pronto se les considera con relación a su capacidad de formar parte de una transacción comercial.

La idea de una aprehensión neutral de la realidad es responsable de las cegueras ontológicas que han impedido una respuesta adecuada a las formas de la existencia humana. El sujeto no se confronta de manera neutral con la realidad sino que está vinculado existencialmente a ella. En palabras de Honneth, pensadores como Lukács y Heidegger comparten la convicción de que las condiciones reificadas sólo constituyen un marco de interpretación falso, un velo ontológico detrás del cual se esconde la facticidad de la forma efectiva de vida humana que se caracterizan por la preocupación y el interés existencial. "En virtud de ello, reificación quiere decir aquí una costumbre

---

[37] D. Harvey, *Breve historia del neoliberalismo*, cit., p. 74.
[38] A. Honneth, *Reificación. Un estudio de la teoría del reconocimiento*, Buenos Aires, Katz, 2012, p. 16.

de pensamiento, una perspectiva que se fosilizó y se convirtió en hábito, a partir de cuya adopción el sujeto pierde la capacidad de implicarse con interés, del mismo modo que su entorno pierde el carácter de accesibilidad".[39] En esta dirección, implicación existencial supone una postura de reconocimiento como valoración del significado cualitativo que poseen otras personas como la naturaleza misma.

Nuestra relación epistémica con el mundo está precedida por una actitud de involucramiento existencial. El olvido del reconocimiento previo se corresponde con una reificación perceptiva del mundo. "La reificación en el sentido de un olvido del reconocimiento significa entonces, en la ejecución del conocer, perder la atención para el hecho de que este conocimiento se debe a un reconocimiento previo".[40] En definitiva, el olvido del reconocimiento no se refiere exclusivamente al mundo social sino también la podemos extender a nuestra comprensión de la naturaleza. En tanto el quebrantamiento instrumental de la naturaleza quebranta una condición necesaria de nuestras prácticas sociales.

Tal vez habría que formular la conclusión de Adorno de manera más nítida, y reproducirla en el sentido de una conexión interna de moral y conocimiento: el reconocimiento de la individualidad de otras personas no exige percibir los objetos en la particularidad de todos los aspectos que aquellas personas asocien con ellos en sus respectivos puntos de vista [...] con Adorno, es posible agregar ahora que aquel reconocimiento previo también comporta el respetar en los objetos los aspectos de significado que, por su parte, aquellos seres les han otorgado. Si esto es así, es decir, si al reconocer a otras personas también debemos reconocer simultáneamente sus representaciones y sus sensaciones subjetivas acerca de los objetos no humanos, es posible hablar sin más de una reificación potencial incluso de la naturaleza: ésta consistiría en perder la atención, durante el conocimiento de los objetos, para todos los aspectos adicionales de significado que les corresponden desde la perspectiva de otras personas [...] percibimos a los animales, las plantas o las cosas sólo identificándolas como cosas, sin tener pre-

---

[39] *Ibid.*, p. 51.
[40] *Ibid.*, p. 96.

sente que poseen una multiplicidad de significados existenciales para las personas que nos rodean.[41]

Antes al contrario, el proceso de reificación como olvido del reconocimiento nos sitúa tanto en el ámbito de la cuestión social como en nuestra relación con la naturaleza. En los últimos cuarenta años, como consecuencia de la implantación de neoliberalismo como nueva sensibilidad epocal en cuanto prácticas, discursos y dispositivos, intensificó las formas de exclusión, segregación y forclusión al mismo tiempo que las presiones ecológicas bosquejan un cuadro de destrucción y devastación a escala planetaria. Reificación como olvido de reconocimiento y lógica de expulsión configuran las categorizaciones que desarrollaré en adelante. La simultaneidad entre la estrategia de ajuste y reforma estructural suponía como objetivo fundamental la corrección en los desequilibrios fiscal y externo, la implantación de una estructura económica interna basada en el mercado y la privatización de empresas estatales para restaurar los niveles de inversión económica. La reforma del Estado y la estabilización de la economía se convertirían en los suplementos fundamentales de la reforma estructural con la finalidad de iniciar un periodo de expansión productiva. Al cabo de pocos años los programas de ajuste y reforma estructural no lograron alcanzar el crecimiento económico presentándose persistentes efectos regresivos en las sociedades de la región. La atomización de la sociedad evidencia el fracaso de la programática neoliberal en tanto desencadena demandas de comunidad[42] que desbordan el ámbito de la racionalidad tecno-instrumental.

---

[41] *Ibid.*, pp. 102-104.

[42] Siguiendo a Norbert Lechner, "uso la categoría [...] de comunidad para destacar precisamente el carácter reactivo frente a la destrucción de viejas estructuras de solidaridad. El mismo proceso de modernización que rompe los antiguos lazos de pertenencia y arraigo da lugar a la búsqueda de una instancia que integre los diversos aspectos de la vida social en una identidad colectiva [...] el deseo de comunidad sería, por encima de todo, un miedo al conflicto. Dicho en otras palabras: el deseo sublime de fusionarse con el todo permite obviar la diferenciación, oposición y negociación de intereses" (N. Lechner, *Obras completas III. Democracia y Utopía: la tensión permanente*, cit., pp. 295-296).

Sea cual sea la estrategia, el proceso de modernización acentúa la fragmentación social. Su cara más visible es una nueva marginalidad, llámese pobreza extrema o sector informal, que ya no puede ser interpretada como en los años sesenta mediante un dualismo de sociedad moderna y sociedad tradicional. Este sector social se encuentra a la vez dentro y excluido del sistema capitalista. La sociedad latinoamericana deviene una sociedad de dos tercios donde un tercio de la población es superfluo, viviendo de los desechos.[43]

En aquellos países donde incluso los resultados no fueron tan regresivos y consiguieron un crecimiento moderado durante un tiempo, se tuvieron que instrumentar nuevos programas de ajuste estructural produciendo un círculo vicioso de ajuste estructural, a saber: una vez logrado el restablecimiento de los equilibrios macroeconómicos, en ausencia de una propuesta para reformar la economía real, se pierden los equilibrios, y en consecuencia hay que instrumentar un nuevo ajuste, y así sucesivamente. Pero, además, el programa de ajuste estructural tiene efectos concentradores en cuanto a la distribución de la riqueza (la mayoría de las veces los beneficios se repartieron desproporcionadamente a favor de los más pudientes, mientras que los más pobres se hundían aún más en la miseria). Igualmente, el desmantelamiento de los derechos sociales coincidió con la privatización de la salud, la educación y la vivienda y con el retorno de un discurso cimentado en el darwinismo social del siglo xix.

Las políticas de ajuste estructural del fmi —diseñadas para ayudar a un país a ajustarse ante crisis y desequilibrios macroeconómicos más permanentes— han producido en los últimos años la intensificación de las hambrunas y una multiplicación de los disturbios en los países donde se han instrumentado dichos programas. La creciente autonomía de la economía y, en particular, de los flujos financieros delimita y restringe la capacidad estatal en la gestión pública. La política como ámbito de construcción de sentido renuncia a los instrumentos de gestión económica en correspondencia con la ideología tecnocrática. Por el contrario, las crisis finan-

---

[43] *Ibid.*, p. 288.

cieras a lo largo de los últimos años y las numerosas declaraciones públicas realizadas por dirigentes políticos, figuras del mundo económico y funcionarios de organismos multilaterales, han mostrado la cara destructiva del nuevo orden económico mundial, en el que las transferencias financieras en tiempo real de capital pueden amenazar con reducir regiones enteras a la miseria.

Las profundas transformaciones político-espirituales iniciadas a mediados de la década de los setenta fortalecieron la ortodoxia neoliberal en el campo de las finanzas. La capacidad creadora para desarrollar instrumentos complejos que permiten titularizar una amplia gama de entidades y procesos ha fortalecido la financiarización del mundo. En esta dirección, la economía global precisa de un conjunto de innovaciones tecno-organizativas para la gestión y control de las operaciones informacionales integradas globalmente. La simultaneidad entre la dispersión espacial de las actividades económicas y la centralización territorial de la gestión de información apuntaba a construir una nueva geografía económica transnacional que tiene como principio alocativo al mercado soslayando cualquier jurisdicción nacional. "Esta dispersión mundial de las fábricas y los centros de servicios se da en el marco de estructuras empresariales altamente integradas y con una fuerte tendencia a la concentración del control y a la apropiación de la renta".[44] Cuestión que plantea un radical deslizamiento de los equilibrios de poder económico y político a nivel global.

La economía global produce una lógica de expulsión —en el sentido de Saskia Sassen— en tanto patologías inmanentes del funcionamiento del capitalismo histórico. "Estas expulsiones no son espontáneas, sino hechas. Los instrumentos para hacerla van desde las políticas elementales hasta instituciones, técnicas y sistemas complejos que requieren conocimiento especializado y formatos institucionales intrincados".[45] La geografía de la forclusión se manifiesta en el ámbito del trabajo y los territorios simultáneamente. La cuestión social de fondo, en palabras de Robert Castel, es la gene-

---

[44] S. Sassen, *Una sociología de la globalización*, cit., p. 8.
[45] *Id.*, *Expulsiones. Brutalidad y complejidad de la economía global*, Buenos Aires, Katz, 2015, p. 12.

ralización de fenómenos como la flexibilización, la pauperización y la inmigración clandestina, y la perpetuación de regímenes regionales profundamente racistas o cualquier otro fenómeno que exprese marginación y segregación, que indican la consolidación de sub-clases o situaciones de nueva pobreza que se están convirtiendo en estructurales debido al modelo de posfordismo de máxima movilidad y flexibilidad en la utilización de los recursos naturales y económicos de los territorios, y en especial de las características de la fuerza de trabajo, según la región. Los indicadores estadísticos no logran captar los fenómenos de precariedad, el sentimiento creciente de inseguridad, las formas múltiples de fragilización del vínculo social. El peligro se ubica en la pérdida de densidad simbólica de la democracia, que se produce a partir de la pulverización de la condición salarial: un número creciente de personas se ven obligados a vivir en una cultura de lo aleatorio.

El trabajo en tanto principio de integración social ha sido brutalmente cuestionado en la medida que se imponen los trabajos precarizados, flexibilizados y balcanizados. La flexibilización del trabajo elimina las garantías para lograr los medios necesarios para vivir. Tener trabajo y pauperizar se hacen compatibles. Aparece un aumento del empleo, que no soluciona los problemas del desempleo. Inclusive se hace compatible la exclusión con el empleo precarizado y flexibilizado. Así están reapareciendo las mismas formas de sub-proletarización, de miseria fisiológica, de vagabundeo y de bandidaje que habían acompañado la emergencia del capitalismo fabril a fines del siglo XVIII. Se han restaurado las peores formas de dominación, de servidumbre, de explotación, al obligar a todos a luchar contra todos para obtener ese trabajo que se ha abolido.

La crisis de la sociedad salarial —en el sentido de Robert Castel— remite a la desafiliación de la organización del trabajo en tanto principio alocativo. Ello significa que los mecanismos de inscripción y regulación colectivas, se han resquebrajado como consecuencia de la simultaneidad de la ofensiva neoliberal y la crisis del Estado social de derecho. Esto significa que los soportes de la propiedad social no han desaparecido por la conmoción de la profunda crisis del Estado, sin embargo, sus lazos se distienden y dejan sin protección a categorías enteras de individuos, que se vuelven individuos por carencias. Esto plantea un desafío doble: por un lado, los individuos sin protecciones viven esa situación como individuos, al menos a través del sufrimiento de encontrarse en ese estado. Pero, por el otro, son menos individuos en cuanto a las posibilidades que tienen de desarrollar estrategias personales, o de disponer de márgenes de acción por sí mismos y para ellos mismos.

De modo que el núcleo central de la cuestión social consistiría en la profundización de la existencia de trabajadores sin trabajo, los cuales ocupan literalmente en las sociedades del sistema histórico capitalista un lugar de supernumerarios, de normales inútiles para el mundo utilizando la expresión de Jacques Donzelot. Supernumerarios signados por la flexibilización, la pauperización, la precariedad y la incertidumbre de su condición vulnerable respecto del futuro. Estamos, en palabras Ulrich Beck, asistiendo a la irrupción de lo precario, discontinuo, impreciso e informal de la sociedad salarial, así como la extensión del Tercer mundo a domicilio en las sociedades industrializadas y a la profundización dramática de estas características (con inexistentes, desmantelados y precarios sistemas de seguridad social) en las sociedades latinoamericanas signadas por una heterogeneidad estructural.

El resultado es un nuevo tipo de fascismo social como un régimen social y civilizacional. Este régimen, paradójicamente, coexiste con sociedades democráticas, de ahí su novedad. Este fascismo puede operar de varios modos: en términos de exclusión espacial; territorios disputados por actores armados; el fascismo de la inseguridad; y por supuesto el mortal fascismo financiero, el cual a veces dicta la marginalización de regiones y países enteros que no cumplen con las condiciones necesitadas por el capital, según el FMI y sus fieles asesores.[46]

Este nuevo principio de socialización en la vulnerabilidad, la desafiliación y la exclusión de la economía política del riesgo supone la exacerbación de condiciones laborales donde los trabajadores de-

---

[46] A. Escobar, *Más allá del tercer mundo. Globalización y diferencia*, Bogotá, Instituto Colombiano de Antropología e Historia/Universidad del Cauca, 2005, p. 29.

pendientes con empleo a tiempo completo (que incluyan sistemas de seguridad social) representan una minoría respecto a la gran masa de los económicamente activos. La mayoría vive en unas condiciones laborales precarias.[47] En todo caso, en el marco del declive de la hegemonía neoliberal, tenemos el aumento progresivo del desempleo crónico-estructural, la flexibilización y precarización laboral, la feminización de la pobreza, la migración subordinada, los desplazados de las guerras neocoloniales, el incremento de las desigualdades sociales (excluidos de las acciones de redistribución del Estado social de derecho), la exacerbación de la segregación social y discriminación cultural (creación de murallas fronterizas de la sociedad) y la aceleración de las presiones ecológicas en el sistema histórico capitalista; todo ello, en un contexto de *concentración y oligopolización de la propiedad privada.* Entre las concomitantes consecuencias de las presiones ecológicas sobre la capacidad de resistencia de la biosfera terrestre tenemos que

> en los últimos treinta años esos daños han crecido hasta llegar a ser un acontecimiento planetario que vuelve como un boomerang, a menudo para golpear lugares que no tuvieron nada que ver con la destrucción original, como los hielos eternos del Ártico [...] desde la perspectiva del capitalismo de hoy, los recursos naturales de buena parte de África, América Latina y Asia central son más importantes que la gente que vive en esas tierras en cuanto trabajadores o consumidores.[48]

En palabras de Günther Anders, la vida humana cede a los imperativos de la acumulación del capital en tanto el *factum* de la creciente presión consumista nos conduce a una ceguera cercana al apocalipsis en cuanto "el punto esencial no es quien produce, tampoco la manera de producir, ni siquiera cuánto se produce, sino lo que se produce; y ahí está la segunda diferencia fundamental entre

---

[47] U. Beck, *Un nuevo mundo feliz: La precariedad del trabajo en la era de la globalización*, Barcelona, Paidós, 2000, p. 9.

[48] S. Sassen, *Expulsiones. Brutalidad y complejidad de la economía global*, cit., pp. 13-14, 20-21.

el peligro de antaño y el actual".[49] Este modelo de consumo transnacional es un bien posicional en el sentido de que el mundo no puede disfrutar de los niveles de vida de las sociedades del Atlántico Norte, sin que todos los seres humanos en el planeta empeoren su situación. Estos bienes posicionales se han configurado en su distribución actual como consecuencia de los procesos de conquista, colonización y expansión capitalista. Es decir, por la intensificación política y cultural de los procesos de acumulación por desposesión que la economía mundo capitalista ha impulsado históricamente en los últimos 500 años. La cuestión central de los bienes posicionales es su doble mediación.

Por un lado, consolidan el saqueo y la desposesión histórica del euroccidentalismo sobre los pueblos y culturas restantes del sistema histórico capitalista. Por el otro, se convierten desde un imperialismo textual, simbólico y material en el horizonte normativo de bienestar de todas las naciones del globo terráqueo. La remota -aunque negada-posibilidad de profundizar a gran escala la industrialización en tanto bien posicional nos conduciría a una destrucción global de planeta. El bien posicional define los modos de vida y consumo euroccidentales —en cuanto supone para la primera persona del plural donde vivimos, nos movemos y somos— configurando un excluyente invernadero del confort. El problema estriba no sólo en la presencia y el aprovechamiento de las fuentes de materia y energía del planeta —esto es, en la obtención de energía, sino en las consecuencias que su uso en las cantidades actuales acarrearía para la biosfera del planeta.

La pregunta fundamental es si los millones de habitantes del planeta podrían aproximarse al estilo de vida de los países industrializados —esto es, podrían hacer un gasto energético per cápita similar al mundo euroccidental— sin provocar daños irreversibles, fatales y duraderos en el planeta. La posibilidad de realización histórica y cultural del imaginario desarrollista representa una amenaza a la capacidad de resistencia del planeta. Pero, también, un límite infranqueable a las políticas de bienestar y consumo dominantes en los

---

[49] G. Anders, *La obsolescencia del hombre. Sobre el alma en la época de la segunda revolución industrial*, Valencia, Pre-Textos, 2011, p. 23.

países industrializados y del Tercer mundo. Desnaturalizar y descolonizar este imaginario colonial-moderno se convierte en un desafío ineludible para enfrentar los apremiantes retos de pensar la emergencia de proyectos históricos alternativos. Sobre todo, en cuanto

no todas las regiones y naciones del planeta pueden formar la combinación de artefactos materiales de la sociedad industrial y disfrutar sus productos en forma de prosperidad sin empeorar el valor de uso [....] la industrialización es un bien posicional al que no pueden tener acceso todas las regiones y naciones del planeta. Dicho de otra manera, es imposible un reparto equitativo del consumo de materiales y energía que corresponda al nivel de los países industrializados.[50]

El proceso de expansión geográfica del capitalismo histórico (desruralización) es simultáneamente un proceso de degradación y producción de entropía que actúa en una diversidad de ámbitos de la vida humana. En tanto profundiza la exploración y posterior explotación cultural de islas sintrópicas. Una isla sintrópica es un lugar de almacenamiento de recursos concentrados que se formaron en el curso de la historia global del planeta. Se refieren, principalmente, a

un sistema de alto orden donde parcelas de la corteza terrestre en las cuales los diversos materiales de los que está compuesto el planeta no están mezclados desordenadamente sino separados de forma ordenada y por lo tanto almacenados para un acceso fácil que permita su aprovechamiento, vetas auríferas, minas de hierro, depósitos de bauxita, yacimientos de petróleo y gas.[51]

En la actualidad, las islas sintrópicas están localizadas geográficamente en los países del Tercer mundo. Básicamente, por la explo-

---

[50] E. Altvater y B. Mahnkopf, *Las limitaciones de la globalización. Economía, ecología y política de la globalización*, México, Siglo XXI, 2002, pp. 319 y 326.

[51] E. Altvater, "Fordismo y posfordismo, división internacional del trabajo y régimen monetario", en L. Lander y H. Sonntag (eds.), *Universalismo y Desarrollo*, Caracas, Nueva Sociedad/Unesco/Ucv, 1991, p. 31.

tación intensiva y exponencial de islas sintrópicas en Estados Unidos, Europa y Japón. Los procesos de industrialización acelerada impulsados por las elites económicas y políticas de estos países, desde finales del siglo XIX, condujeron a un rápido agotamiento de los recursos naturales. En efecto, este proceso de sobre-explotación para la producción industrial de mercancías se convirtió en un proceso de producción subjetiva-cultural que implicaba el fortalecimiento de una relación global con la naturaleza.

Ciertamente, el destructivo curso de la globalización neoliberal plantea interrogantes, desafíos y dilemas acuciantes para pensar alternativas socio-históricas radicales a este estado de cosas. La escala de tiempo para tales acciones puede medirse en décadas, pero no en siglos. De modo que solamente una alternativa radical al modo establecido de controlar la reproducción metabólica social puede ofrecer salidas para la crisis estructural del capital. La premisa básica es que el capitalismo debe ser profundamente transformado, superado como modo de producción y forma de organización social para liberar los contenidos utópicos y emancipadores de la pluralidad de movimientos sociales y populares en sus luchas sociales, políticas y culturales al orden capitalista neoliberal. Para ello, es necesario profundizar en los espacios y oportunidades que crean los agenciamientos políticos de los movimientos sociales y populares, y recuperar el contenido indeterminado de lo político y la política.

CAPÍTULO IV
El giro neoliberal del Consenso de Buenos Aires

Desde principios de los noventa, el espíritu de la época estuvo signado por el anuncio de un Nuevo Orden Mundial por el presidente de los Estados Unidos George Bush padre, anuncio que tenía como características centrales la promoción de la globalización neoliberal, el fin de las fronteras nacionales, el comentado fin de la historia de Francis Fukuyama y el progreso ilimitado para todos los Estados e individuos. El programa político-económico de amplio consenso de elite intentaba restaurar la rentabilidad empresarial e imponer una disciplina a un mundo turbulento y caótico. Este espíritu epocal coincidía con la desintegración de la Unión Soviética, el fin de los regímenes socialistas de Europa oriental, el declive del socialismo realmente existente como sistema político y económico, la expansión voluntaria y estimulada de regímenes democráticos, el aparente fin de los conflictos regionales, la resurrección de las Naciones Unidas y finalmente el fortalecimiento de la hegemonía de los Estados Unidos. Era un mundo unipolar, pacífico y próspero.

Las movilizaciones sociales y populares durante la década de los noventa marcaron el quiebre de legitimidad política del neoliberalismo en sus etapas de ajuste y reforma estructural. Sobre todo, en tanto estas políticas se orientaron a crear un entorno propicio a la globalización neoliberal mediante la lógica de las expulsiones. "Ya en 1996, Norbert Lechner decía: 'En los años noventa América Latina entra en una fase postneoliberal. El neoliberalismo está agotado como propuesta innovadora'".[1] Éste, sin embargo, permanece en la forma de financiarización por su capacidad de desarrollar instrumentos de titularización de territorios, recursos y bienes colectivos. La formación canibalizada del proceso de acumulación tiende a extenderse a todos los ámbitos de la vida humana. Para confrontar

---

[1] B. Stolowicz, *op. cit.*, p. 17.

la pérdida de densidad simbólica del discurso neoliberal surge una iniciativa centrada en recuperar la legitimidad política del monetarismo.

> El posneoliberalismo es una concepción estratégica lúcida y compleja; que no ve a las democracias como un peligro contra la continuación de la reestructuración capitalista, sino como una oportunidad para construir consensos moderados a favor de las llamadas reformas económicas, para la cual la política y la democracia debían ser instrumentos de gobernabilidad, y desde luego de integración institucionalizada de la izquierda que ya avanzaba electoralmente [...]. El posneoliberalismo busca legitimar a la democracia de propietarios neoliberal [...] el discurso de equidad social –liberal presenta al asistencialismo como un vehículo para la afirmación de la autonomía y la creatividad individuales intercambiables en el mercado. De este modo se gesta una nueva concepción de la justicia en sociedad como equidad, John Rawls es el mentor por excelencia.[2]

La agenda posliberal tiene un componente interno y otro externo. Para Ralf Dahrendorf,

> en el mundo en vías de desarrollo, hay una serie de cuestionamientos constitucionales que tienen que ver con la sociedad civil. La creación de sociedades civiles puede constituir la tarea más importante desde el punto de vista liberal. Por un lado, esto requiere el establecimiento pleno de los derechos fundamentales de la persona y por el otro una sociedad civil que se exprese en forma mucho más clara a través del desarrollo de instituciones intermedias que protejan al individuo del control directo del Estado y le ofrezcan oportunidades para expresar sus intereses varios, sus puntos de vista y sus aspiraciones. El apoyo a la creación de este tipo de institución puede venir desde adentro de los países en vías de desarrollo y desde afuera.[3]

---

[2] *Ibid.*, pp. 18, 21-22.

[3] R. Dahrendorf, *The future tasks of liberalism. A political agenda*, Berlín, Liberal Institute, 2011, p. 24 [disponible en http://edoc.vifapol/opus/volltexte/2012/3530/pdf/OC_101_Dahrendorf_tasks_28_4S_low.pdf].

Se requieren, en esta dirección, reformas profundas en la economía, la educación y la justicia. Pero, también, una transformación radical en las costumbres, los sistemas de hábitos y los conocimientos. No basta con alterar la economía, reducir el Estado, cambiar el sistema político. Es necesario igualmente producir profundas modificaciones en la cultura, en la escala de valores. Alterando significativamente la tradición cultural ajustándola a las exigencias mercantilizadas que enfrentan las sociedades de la región. Para Mario Vargas Llosa, la revolución de la libertad en América Latina significa el establecimiento del liberalismo con todas sus consecuencias. Para sus principales portavoces, el liberalismo es una doctrina filosófica comprehensiva no una ideología. Porque las ideologías son formas dogmáticas e inmutables de pensamiento que no están sometida a los rigores de la falsación científica en el sentido desarrollado por Karl Popper. Para Vargas Llosa,

el liberalismo es inseparable del sistema democrático —como régimen civil, de poderes independientes, libertades públicas, pluralismo político, derechos humanos garantizados y elecciones— y del mercado libre como sistema para la asignación de los recursos y la creación de la riqueza. Si en la defensa de la democracia, la opción liberal tiene una coincidencia total con corrientes y doctrinas como la social democracia, el social cristianismo y los partidos conservadores no autoritarios, sus diferencias con ellos tienen que ver, básicamente, con el mercado, en el todas ellas justifican distintos grados de interferencia y manipulación estatal —para contrarrestar las desigualdades y desequilibrios económicos y sociales— en tanto que el liberalismo sostiene que mientras más desinhibido y menos perturbado funcione el mercado más pronto se derrotará la pobreza y el atraso y se logrará sobre bases más firmes, la justicia social.[4]

La identidad entre liberalismo y democracia es repensada estableciendo una equivalencia entre democracia y crecimiento econó-

---

[4] M. Vargas Llosa, "América Latina y la opción liberal", en B. Levine (comp.), *El desafío neoliberal: el fin del tercermundismo en América Latina*, Santafé de Bogotá, Norma, 1992, p. 24.

mico. En esta dirección, Peter Berger sugiere que "el factor más importante para creación de una democracia estable es el éxito económico alcanzado por una sociedad en particular; en otras palabras, que los países más ricos tienden a ser democráticos".[5] La relación mecánica entre democracia y éxito económico permite construir una ficción ideológica sobre el olvido del reconocimiento. Principalmente, en cuanto la democracia había sido considerada por el liberalismo clásico como un sistema de gobierno inaplicable con éxito en la realidad política y social. Pero, lo más importante, es el carácter normativo que adquiere el posliberalismo como corrección política al neoliberalismo en el contexto de consolidación de las reformas estructurales para restaurar los niveles de inversión en la región. De allí, la importancia medular del encuentro de intelectuales y políticos a mediados de los noventa en la ciudad de Buenos Aires convocados por Robert Mangabeira y Carlos Salinas de Gortari. Este encuentro permitió un ligero distanciamiento en las formas de interpelación ideológica logrando repensar algunas de las ideas-fuerzas del neoliberalismo combinando socialdemocracia y liberalismo.

Los conflictos sociales, políticos y culturales se presentaban como anomalías circunstanciales y transitorias a este Nuevo Orden Sensible. En el mundo occidental y en América Latina, *La Tercera vía* de Anthony Giddens y la *Utopía desarmada* de Jorge Castañeda se convirtieron en los programas político-económicos de una izquierda que giraba conservadoramente hacia una socialdemocracia de mercado. El supuesto fundamental, de este giro conservador, suponía un desplazamiento de los centros de interés político-económicos hacia la economía de mercado como nuevo principio alocativo de la sociedad, combinado con la defensa de una democracia procedimental y formalista. La inclusión social cedía ante las políticas de crecimiento económico de inspiración neoliberal.

En todo caso, se advertía sobre la inexorabilidad del horizonte civilizatorio anclado en la economía de mercado. Jorge Castañeda,

---

[5] P. Berger, "América Latina bajo una perspectiva cultural comparativa", en B. Levine (comp.), *El desafío neoliberal: el fin del tercermundismo en América Latina*, cit., p. 48.

un portavoz fundamental de este giro, argumentaba que en nuestro continente el temor a la violencia revolucionaria se ha desvanecido (Síndrome de Sendero) y las clases pudientes y poderosas pueden adoptar amplias reformas sociales. Por tanto, el temario reformista de la izquierda viable y democrática debe superar la adolescencia electoral para que le ayuden a "consumar la conversión de militantes revolucionarios en caza votos reformistas. Mientras no suceda, la cuesta electoral será agreste y esquiva".[6] No existía, en este contexto, la posibilidad de modificar este estado de cosas. La vía electoral se convertía en la única posible. Esta programática económica-política se conforma y configura con la convicción de que ningún otro sistema es posible, y por lo tanto, sólo queda disminuir gradualmente las injusticias y desigualdades del capitalismo histórico.

En esta dirección el Consenso de Buenos Aires —impulsado por Jorge Castañeda, Carlos Salinas de Gortari y Roberto Mangabeira— como se llamó el *tercerismo latinoamericano* se articulaba política e ideológicamente con el Consenso de Washington. Suponía un ligero distanciamiento formal con la ortodoxia neoliberal. En términos políticos se planteaba el estrechamiento del vínculo entre el centro y la izquierda. Por un lado, la tarea del centro era darle expresión transformadora a la inconformidad de la clase media; y defender la generalización de la meritocracia en la vida social. Por el otro, la misión de la izquierda consistía en confrontar la desigualdad al combatir el dualismo mediante la profundización de la democracia. El enfoque pos-neoliberal de los autores suponía una alternativa de progreso económico que aceptaba el giro histórico de la economía de mercado.[7] Para este propósito intentaba conciliar elementos doctrinarios del liberalismo con un enfoque pragmático en la economía en tanto el núcleo fundamental de la globalización es el libre comercio.

---

[6] J. Castañeda, "La izquierda en ascuas y en ciernes", *Nueva Sociedad* 141 (enero-febrero 1996), p. 20.

[7] C. Salinas de Gortari y R. Mangabeira, "The Market Turn Without Neoliberalism", en I. Marquez (ed.), *Contemporary Latin American Social and Political Thought: an Anthology*, Maryland, Rowman & Littlefield Publishers, 2008.

Es una concepción que plasma la idea más generalizada en el análisis económico: la idea de intercambio, para beneficio mutuo, entre productores especializados en una división del trabajo y del mercado como forma de cooperación entre extraños que no son amigos ni enemigos y que sólo necesitan el frío cálculo del interés para establecer un vínculo práctico en común. La fuente más profunda del atractivo del libre comercio surge de la convicción de que no es un mecanismo, sino, como ha afirmado Alfred Marshall, la ausencia de todo mecanismo.[8]

El mercado debe ser el dispositivo por excelencia de asignación de recursos y corresponde al Estado crear las condiciones económicas para que las necesidades de los sectores más pobres puedan convertirse en demandas solventes que puedan ser procesadas por éste. La sociedad civil, en el Consenso de Buenos Aires, se presenta con una valoración positiva aunque fragmentada, que encuentra su momento unitario en el enfrentamiento con el Estado en defensa de la libertad y la justicia. Al proponer mecanismos cuasi-mercantiles al gobierno brinda una zona de intersección entre la intervención del Estado y los fallos del mercado. Sobre todo, en cuanto el objetivo medular es la reorganización de las alternativas.

La cuestión no es maximizar el libre comercio; es la posibilidad de coexistencia entre diferentes estrategias de desarrollo, sistemas institucionales y formas de vida social, y luego, sobre esa base, promover un comercio más libre [...]. El objetivo formativo del régimen de comercio debería ser, por lo tanto, la reconciliación de estrategias de desarrollo alternativas y versiones alternativas de pluralismo económico, político y social más que la maximización del libre comercio.[9]

Un mundo donde las instituciones democráticas liberales permitan la ampliación de un amplio espectro de experiencias y posibilidades humanas colectivas ofrece un entorno más idóneo para un siste-

---

[8] R. Mangabeira Unger, *La reinvención del libre comercio. La división mundial del trabajo y el método de la economía*, Buenos Aires, Fondo de Cultura Económica, 2011, p. 13.

[9] *Ibid.*, pp. 224-225.

ma reformado de libre comercio. "La democracia debe multiplicar las oportunidades para experiencias de esta naturaleza, forjadoras de naciones; cuanto más ricas y profundas se tornan estas experiencias, mayor es su capacidad de atraer al extranjero".[10] Para el autor, esta versión profundizada de la democracia adoptaría medidas que aceleran el compromiso cívico con la política. Antes al contrario, las profundas contradicciones que atraviesan a América Latina confrontan dos izquierdas con cosmovisiones radicalmente inconmensurables.

Una izquierda recalcitrante trata de desacelerar la marcha hacia los mercados y la globalización sin ofrecer alternativa alguna. Su propósito es desacelerar esa marcha en aras de su base histórica, especialmente la fuerza laboral organizada establecida en los sectores de la industria intensivos de capital. Esta parte de la sociedad —un sector de la población que se está reduciendo en casi todas las sociedades contemporáneas— ha llegado a ser concebida y a concebirse a sí misma como el repositorio de los intereses de una facción, más que como la portadora de los intereses universales de la humanidad. Otra izquierda que ya claudicado acepta la economía de mercado en su forma actual y la globalización con su dirección vigente como algo inevitable y hasta beneficioso. Quiere humanizarlas. Con este fin, práctica la distribución compensatoria mediante políticas de tributación y transferencia. No tiene otro programa que el de sus adversarios conservadores, al que le aporta un descuento humanizador [...]. Esta izquierda propondría la reorganización de la economía de mercado como el marco para el crecimiento económico con inclusión social. En la prosecución de este objetivo trabajaría con miras a la coexistencia experimental de diferentes regímenes de propiedad privada y social, así como de diferentes formas de relación entre el gobierno y las empresas, dentro de la misma economía de mercado.[11]

El subtexto de la programática teórico-política del Consenso de Buenos Aires apunta a promover una clase media de renovada cultura

---

[10] *Ibíd.*, p. 242.
[11] R. Mangabeira Unger, *La alternativa de la izquierda*, Buenos Aires, Fondo de Cultura Económica, 2010, pp. 9-10.

promocionista, internacionalista e individualista para legitimar un nuevo elitismo meritocrático de consumo ostentoso. La contradicción capital-trabajo se profundiza en cuanto los modelos de consumo cada vez más opulentos, sofisticados y excluyentes presionan en la sedimentación de nuevos estilos de vida. En esta dirección, las protecciones laborales se convierten en obstáculos para el capital en tanto hacen imposible reducir la jornada de trabajo. Igualmente, la excesiva presión impositiva y regulatoria tiene como efectuación dominante un desincentivo de la actividad económica. La desmercantilización del mundo de vida se trueca en un problema técnico y productivo (en correspondencia con la fraseología neoliberal). En definitiva, se hace necesario retornar a un trabajo precario, marginal y balcanizado para estabilizar y legitimar la restructuración capitalista.[12]

El reajuste de la narrativa neoliberal intenta desterrar cualquier resistencia y excluir cualquier alternativa imponiéndose como una fatalidad ineludible El neoliberalismo revisitado por esta propuesta de actualización ideológica "no va a situarse bajo el signo del *laissez-faire* sino, por el contrario, bajo el signo de una vigilancia, una actividad, una intervención permanente […]. Es una suerte de tribunal económico frente al gobierno".[13] El programa neoliberal no trataba de liberar un lugar vacío sino de remitir, referir, proyectar un dispositivo de control y vigilancia bajo la visión de la economía de mercado. En fin, "reordenar los territorios, las economías y las subjetividades bajo el principio del neoliberalismo disciplinario".[14] Con el objeto de simular la unidad (mistificación) de la sociedad capitalista, el mercado es simultáneamente convertido en un principio metafísico (ahora generalizado), y un rasgo central de la naturaleza humana (individualista, competitiva y egoísta). En sentido estricto metafísica pura con una naturaleza humana fija.

---

[12] M. A. Contreras Natera, *Otro Modo del Ser o Más Allá del Euroccidentalismo*, Caracas, Fundación CELARG, 2014.

[13] M. Foucault, *Nacimiento de la biopolítica*, México, Fondo de Cultura Económica, 2008, pp. 158 y 286.

[14] M. A. Contreras Natera, *Una Geopolítica del Espíritu. Leo Strauss, la filosofía política como retorno y el imperialismo estadounidense*, Caracas, Fundación CELARG, 2011, p. 13.

La propuesta del Consenso de Buenos Aires participa en el debate político-espiritual de las grandes confrontaciones sistémicas con el objetivo de contener la creciente influencia del sudeste asiático en la economía de la región. La diversidad de formas de integración regional con sus modalidades diferenciadas de objetivos económicos y políticos evidenciaron las tensiones en el campo de la política regional. Inicialmente, la propuesta del ALCA impulsada por los Estados Unidos emergía como una iniciativa de carácter hemisférico sin posibilidad de disputas políticas e intelectuales. A principios del siglo XXI con el triunfo del presidente Hugo Chávez Frías se abre una grieta político-cultural de amplias resonancias regionales. El cuestionamiento a la firma del ALCA y la emergencia del ALBA en la Cumbre de Mar de Plata en 2005 fortalecieron las agendas política-regionales alternativas al neoliberalismo. Inclusive, la agenda estrictamente comercial de Mercosur se re-significa al incorporar una agenda social. En este contexto, la política de la órbita del Pacífico (México, Perú, Costa Rica, Panamá y Colombia) iniciada por Estados Unidos para enfrentar el fracaso del ALCA se centraba en los proyectos en la seguridad corporativa, con énfasis en la construcción de condiciones políticas, económicas, institucionales y jurídicas acordes a la inversión externa.

El objetivo central de la órbita del Pacífico era reflotar la influencia geopolítica de los Estados Unidos. Pero, además, la distinción propuesta por Robert Mangabeira entre las dos izquierdas se propone diferenciar las recientes experiencias políticas de la región. Sobre todo, su reactualización ideológica entre una izquierda autoritaria y otra democrática. La primera agrupa las experiencias de Venezuela, Ecuador y Bolivia caracterizadas por una vocación autoritaria mientras que la segunda concentra a Argentina, Brasil y Uruguay orientados por la economía de mercado. En la línea del Consenso de Buenos Aires, este último conjunto de países impulsaba "la reorganización de la economía de mercado como el marco para un crecimiento económico con inclusión social".[15] En definitiva, una reactualización conservadora del debate entre reforma o revolución. La socialdemocracia de mercado se confronta con las novedo-

---

[15] R. Mangabeira Unger, *La alternativa de la izquierda*, cit., p. 10.

sas experiencias liderada por Venezuela, Ecuador y Bolivia. El debate de la Segunda Internacional adquiere una nueva relevancia.

Rosa inicia la introducción de su Reforma o revolución diciendo enfáticamente que no contrapone la revolución social, la transformación del orden existente, a las reformas sociales, a la lucha diaria por las reformas, por el mejoramiento de la condición de los trabajadores dentro del sistema social y por las instituciones democráticas. Y añade: Entre las reformas sociales y la revolución existe para la socialdemocracia un lazo indisoluble: la lucha por las reformas es el medio; la revolución social, su fin. Bernstein, a la inversa, renuncia a la transformación social, y hace de las reformas sociales su fin, dice Rosa. No era una discusión de medios, sino sobre fines.[16]

La gestación del consenso posliberal se inicia a mediados de los noventa multiplicándose en espacios empresariales, políticos e intelectuales. El objetivo central establecía una interrelación entre las políticas de ajuste y reforma estructural con la restauración de los niveles de inversión. La tensión a lo interno de las experiencias políticas en la región apuntaba a mediatizar las consecuencias disruptivas que suponía las luchas por la memoria larga de las movilizaciones sociales. En efecto, la idea de una democracia participativa y protagónica se corporeizaba como memoria profunda en cuanto organizaba reivindicaciones largamente debatidas y postergadas de los movimientos sociales y populares.

La profundización democrática, las luchas barriales, las demandas de género y sexuales, la histórica resistencia de los grupos indígenas, el respeto a la diferencia, la ampliación de la esfera de los derechos sociales y un incipientemente espacio de no-retorno con respecto a la democracia representativa se convirtieron en un suplemento hipodérmico que conectaban con sueños utópicos y solidaridades históricas. La interpenetración entre luchas radicales e históricas y un presente de renovadas esperanzas construía nuevas redes de subjetivación política en un ambiente carnavalizado y festivo. El después del acontecimiento nació tanto del descontento

---

[16] B. Stolowicz, *op. cit.*, p. 365.

con el pasado como de las esperanzas del futuro. La participación se convierte entonces en una potencia afirmativa y congregante.

NEOLIBERALISMO INTERRUMPIDO Y EL GIRO A LA IZQUIERDA

El *fin de siècle,* no obstante, estimuló nuevos caminos y nuevas gramáticas de transformación en un campo de fuerzas dominado por la omnímoda influencia del neoliberalismo. Por un lado, se encontraban las fuerzas desreguladoras y privatizadoras de la globalización neoliberal con sus actores internos contrarios a la lógica estatalista de Westfalia.[17] Por otro lado, irrumpía un multiforme movimiento de cuestionamiento a las consecuencias de la globalización neoliberal que apuntaba hacia la construcción de otro mundo posible. El agotamiento global del Tratado de Westfalia coincidía con la crisis de la geocultura liberal, ambos fenómenos desencadenaban un atractor extraño de inciertas efectuaciones para las sociedades modernas. El ordenamiento internacional espacializado que había configurado el sistema interestatal desde el Tratado de Westfalia se veía amenazado por las fuerzas centrifugas puestas en marcha por la globalización neoliberal. Pero, también, la destrucción del carácter unificador del liberalismo en tanto geocultura del sistema histórico capitalista perfilaba nuevas perspectivas al debate político y económico.

---

[17] En 1648, "la Paz de Westfalia marcó el apogeo de la hegemonía holandesa. Aportó a los Países Bajos el reconocimiento definitivo de su soberanía tras una guerra de ochenta años contra España, e instituyó formalmente el sistema europeo de Estados nacionales rivales sobre el que descansaba la riqueza y el poder holandés" (G. Arrighi, P. Hui, K. Ray y T. Ehrlich, "Geopolítica y altas finanzas", en G. Arrighi y S. Beverly (eds.), *Caos y orden en el sistema-mundo moderno,* Madrid, Akal, 2000, p. 51). En el fondo, gobierno, población y economía configuraron desde el siglo XVII europeo, sólidas unidades geográficamente delimitadas y ordenadas. Al vincular las comunidades al principio de soberanía y autodeterminación, el imaginario westfaliano investía al Estado de una soberanía indivisa y exclusiva sobre su territorio. El problema actual es el surgimiento a lo interno de los Estados-nación de una pluralidad de fuerzas contradictorias —a veces violentas— que minan, cuestionan y desnaturalizan la cartografía westfaliana.

La privatización inspirada en un sino eminentemente neoliberal-neoconservador tenía como punto nodal un proceso de desnacionalización a escala global. El discurso de un nuevo proyecto histórico intentaba enfrentar las profundas efectuaciones de una década de desmantelamiento del Estado. En el fin del siglo xx, los Estados-nación latinoamericanos enfrentaban procesos de autodisolución, desintegración, violencia y desnacionalización consecuencia de la ofensiva neoliberal y posmoderna de la lógica competitiva del mercado. La globalización neoliberal apuntaba directamente a minar los principios de autodeterminación y soberanía nacional de inspiración westfaliana. Y, simultáneamente, destruir las conquistas sociales, políticas y culturales de la clase trabajadora y los movimientos populares. Es sobre este doble poder donde se ejerce la máxima potencia de la globalización neoliberal. En esta dirección, el encadenamiento entre largas cadenas de lucha espontáneas y organizadas, la recuperación de la memoria larga, la protesta subterránea, las barricadas barriales y las formas múltiples que adquirió el descontento social en Caracas, Buenos Aires, Quito, Chiapas, París, Seattle, Génova, La Paz, entre las tantas ciudades que de forma sostenida o efímera se opusieron a la programática neoliberal, visibilizaron nuevas formas de sentir, actuar y pensar lo político.[18] La política y lo político se convirtieron en un espacio de disputa y confrontación fundamental en tanto la lógica supuestamente natural de la dominación es atravesada por la disyunción del efecto de la igualdad.

Ciertamente, las confrontaciones políticas permitieron la apertura de un litigio y, por consiguiente, la desclasificación de las distribuciones del orden sensible. Esa distribución y esa redistribución de los espacios y los tiempos, de los lugares y las identidades, de la palabra y el ruido, de lo visible y lo invisible, conforman lo que siguiendo a Jacques Rancière, llamo el reparto de lo sensible. Al replantear el orden sensible, las divisiones políticas estallan en una pluralidad de formas sensibles. Este accionar de las luchas sociales y políticas convirtió a las sociedades de la región en un laboratorio

---

[18] M. Hardt y A. Negri, *Commonwealth. El proyecto de una revolución del común*, Madrid, Akal, 2011.

mundial de cambios y transformaciones.[19] Las nuevas formas de gobierno, la estructura económica y la movilización social desafiaron la persistente hegemonía del orden mundial neoliberal. A mediados de la primera década del siglo XXI un conjunto de once países habían elegido gobiernos de orientación de izquierda en América Latina. Este giro definió nuevas problemáticas en el campo de la política en la misma medida que se recuperaba en el debate regional el rol del Estado en la construcción del desarrollo nacional. El debate sobre el desarrollo regional configuró nuevas alianzas políticas y regionales fortaleciendo una nueva geografía de la política de la integración regional. Contraponiéndose, radicalmente, a la lógica neoliberal predominante en las últimas tres décadas.

Las interupciones al orden neoliberal acontecen en un mundo post Guerra Fría, y develaban nuevos pliegues y horizontes de posibilidad —social, política, económica y teórica— en un contexto de reprimarización de la economía regional. Sobre todo, en tanto los procesos de reestructuración capitalista en la región inducidos por el modelo de financiarización de la economía —que incluye simultáneamente los procesos de des-industrialización, la reprimarización económica, la flexibilización y precarización laboral, la privatización y el posterior desmantelamiento del sector público estatal— han desplazado e intensificado los ejes de la conflictividad política y económica. En este sentido, las movilizaciones sociales y populares y la elección de gobiernos democráticos de izquierda, configuraron una profunda transformación tanto en los horizontes normativos de las sociedades latinoamericanas, como de las teorías que servían de claves interpretativas en la región. Desde esta perspectiva, los movimientos sociales y populares con emanaciones en los distintos espacios nacionales ofrecieron una plétora de posibilidades a los incipientes procesos de resistencia, contra-hegemonía y emancipación en la región a la globalización neoliberal.

---

[19] M. Goodale y N. Postero, "Revolution and retrenchment. Illuminating the Present in Latin America", en M. Goodale y N. Postero (eds.), *Neoliberalism, Interrupted. Social Change and Contested Governance in Contemporary Latin America*, Stanford, Stanford University Press, 2013, p. 1.

Las experiencias novedosas de gobierno en Bolivia, Ecuador, Nicaragua y Venezuela se acompañaban de un lenguaje revolucionario con invocaciones históricas y mitológicas de cambio social radical y renovación moral y política, con el propósito de reestructurar globalmente el orden sensible en la región. Principalmente, en tanto la convocatoria de procesos constituyentes implicaba nuevos trazados de frontera en la definición de los contratos sociales (Constituciones) de la región. Pero, también, a la par de estos procesos se abrieron caminos en orientaciones políticas y económicas moderadas en Argentina, Chile, Uruguay y Brasil centrados en la búsqueda de complementación entre la lógica del mercado y la lógica estatal.

Este campo de fuerzas entre proyectos políticos y regionales marca en toda su dimensión el debate sobre el neoliberalismo y el posneoliberalismo. Las tensiones globales de los procesos de reestructuración capitalista apuntan a intensificar la conflictividad social, cultural y política al mismo tiempo que fortalecen el debate sobre los proyectos alternativos en la región. La emergencia de las problemáticas sociales, políticas y económicas desplazan los contenidos de la discusión en el continente. Este deslizamiento construye un conjunto de equivalencias políticas radicalmente distintas a la agenda programática del neoliberalismo de los noventa. La justicia social, la solidaridad popular y el fortalecimiento de procesos identitarios (indígenas, campesinos, afrodescendientes, femeninos, entre otros) se convierten en temas fundamentales de la agenda regional en la medida que irrumpen en la dimensión geopolítica nuevos ejes del conflicto global[20]. Este desplazamiento epistémico y geopo-

---

[20] "La dinámica reguladora del régimen estadounidense se desarrolló como respuesta a las disfunciones de la dinámica desreguladora del régimen británico. E, igualmente, la dinámica desreguladora de nuestros días puede ser en realidad indicativa de una nueva oscilación de la economía-mundo capitalista hacia la libertad económica [...]. No obstante, el desplazamiento de una vieja región (Norteamérica) por una nueva región (este de Asia), como centro más dinámico de los procesos de acumulación de capital a escala mundial es ya una realidad [...]. Finalmente, para parafrasear a Schumpeter, antes que la humanidad se ahogue (o se deleite) en las mazmorras (o en el paraíso) de un imperio-mundo postcapitalista o en una sociedad de mercado postcapitalista mun-

lítico define la actualidad social y política de los conceptos. En tanto la lucha por los conceptos adecuados es una lucha política y epistemológica simultáneamente. Parafraseando a Norbert Lechner es una lucha constante y permanente por *la búsqueda nunca acabada de construcción del orden deseado*.[21]

En esta dirección, una teoría del cambio político-espiritual entendido como el espacio del desplazamiento epistémico es una teoría de la lectura en un sentido profundo. En palabras de Spivak, es la producción-visibilización del conjunto de problemáticas forcluidas por el logos colonial-moderno. Por tanto, es "el sitio del desplazamiento de la función de los signos es el nombre de la lectura como transacción activa entre pasado y futuro".[22] El debate sobre la emergencia de nuevos trazados de frontera, solidaridades populares y procesos de identitarios alcanzó su plenitud teórica y política en las experiencias de Venezuela, Bolivia y Ecuador[23]. De allí, la importancia de una teoría de la lectura des-occidentalizada para comprender las tensiones, conflictos y dilemas de las experiencias del continente. Una teoría otra que permita entrever la eficacia simbó-

---

dial, puede muy bien abrasarse en los horrores (o en las glorias) de la intensificación de la violencia que ha acompañado la liquidación del orden mundial de la Guerra Fría" (G. Arrighi, *El largo siglo XX*, Madrid, Akal, 1999, pp. 396, 399 y 429).

[21] N. Lechner, *La conflictiva y nunca acabada búsqueda del orden deseado*, cit.

[22] G. Spivak, *En otras palabras, en otros mundos*, Buenos Aires, Paidós, 2013, p. 329.

[23] Los cuestionamientos a las novedosas experiencias de Venezuela, Bolivia y Ecuador generaron un debate en la región ajustado a una visión organicista de la política (basado en el paradigma de la inmunización) (R. Esposito, *Comunidad, inmunidad y biopolítica*, Barcelona, Herder, 2009). De modo tópico, la archi-política suponía una sanción constante y permanente en términos de ignorancia sancionada. El campo discursivo de la inmunización era inseparable de la dominación del logos colonial-moderno encubriendo el fracaso de la política de los sectores liberales-burgueses. La tensión inicial entre una archi-política platónica y una politización de lo social ocupó un lugar central del debate en estos tres países. En los últimos años el debate se ha desplazado hacia una visión metapolítica por la influencia creciente de los preceptos del Consenso de Buenos Aires en la región (M. A. Contreras Natera, *Otro Modo del Ser o Más Allá del Euroccidentalismo*, cit.).

lica del conflicto político-espiritual en toda sus angustiantes manifestaciones. En todo caso, comprender la simultaneidad entre la poderosa ofensiva de la reacción neoliberal-neoconservadora y el fortalecimiento de las movilizaciones sociales, políticas y culturales en la región es una de las tareas acuciantes de la teoría crítica. En palabras de Arturo Escobar,

> América Latina es la única región del mundo donde actualmente se pueden estar desarrollando ciertos procesos contra-hegemónicos a nivel del Estado. Algunos argumentan que tales procesos pueden conducir a una reinvención del socialismo; para otros, lo que está en juego es el desmantelamiento de las políticas neoliberales de las tres últimas décadas —el fin de la larga noche neoliberal—, que es como se denomina a este periodo en los círculos progresistas de la región— o la formación de un bloque sudamericano (y antiestadounidense). Otros destacan el potencial para un nuevo comienzo, que podría traer aparejada una reinvención de la democracia y del desarrollo o, más radicalmente aún, el fin del predominio de la sociedad liberal de los últimos doscientos años, basada en la propiedad privada y la democracia representativa.[24]

La primavera latinoamericana sugiere un radical desplazamiento político de la gestalt neoliberal al construir un nuevo centro de gravedad para la política. La movilización popular, la agudización de los conflictos sociales, el fortalecimiento del Estado y el abandono de los partidos políticos tradicionales se convierten en un nuevo sentido común epocal. Al mismo tiempo, que la región se configura como un polo antiestadounidense y antiimperialista con una voluntad de irrumpir en la escena internacional con nuevos bloques regionales y nuevas instituciones multilaterales. La revalorización del lugar de enunciación[25] conjuntamente con la potencia de las pro-

---

[24] A. Escobar, "América Latina en una encrucijada: ¿Modernizaciones alternativas, posliberalismo o posdesarrollo?", en P. Quintero (ed.), *Crisis Civilizatoria, Desarrollo y Buen Vivir*, Buenos Aires, Ediciones del Signo, 2014, p. 53.

[25] El lugar de enunciación y los saberes asociados a los territorios implica un cuestionamiento a las tesis del sujeto soberano del logos euroccidental. En

fundas transformaciones culturales de la última década evidenció la memoria larga de las luchas en la región. Implicó, principalmente, un cambio en el sistema de signos que desplazó y visibilizó al *subalterno*. Las acciones de los movimientos sociales, populares e indígenas lograron reconfigurar de manera significativa las agendas públicas de los Estados-nacionales latinoamericanos y otorgar nuevos significados al formato demo-liberal euroccidental, naturalizado como forma comprehensiva de las realidades de la región. La emergencia de los movimientos indígenas en México, Chile, Bolivia, Perú y Ecuador, entre otros, las reivindicaciones y defensa de derechos sociales (salud, educación, vivienda) amenazados como consecuencia de los procesos de mercantilización y privatización neoliberal en Argentina, Brasil, México y Venezuela, por citar los más representativos, las luchas por la defensa de los derechos humanos básicos en los países del Cono Sur en el contexto de los regímenes autoritarios, y, sobre todo, el rechazo frontal a las políticas del ALCA, han movilizado a grandes multitudes que exigían cambios profundos en la región.

La multiplicidad de iniciativas que incluyen la defensa de derechos sociales amenazados, el surgimiento de nuevos principios éti-

---

efecto, esa idea supone un esfuerzo consciente en socavar la soberanía subjetiva de la cubierta de la teoría del sujeto. Al encubrimiento epistémico de pretender no tener determinaciones geopolíticas. Sobre todo, en cuanto la violencia epistémica se expresa como un esfuerzo de inscribir al Otro (colonizado) como la sombra proyectada del Yo (europeo). La obliteración asimétrica es simultáneamente la reproducción de la fuerza de trabajo, y al mismo tiempo, una reproducción de su sumisión en la ideología dominante. En cuanto lugar de enunciación supone una geopolítica del conocimiento. En tal sentido, "cuando Enrique Dussel subrayaba, en 1977, que para él el espacio geopolítico debía tomarse en serio y que no era la misma cosa nacer en Nueva York que nacer en Chiapas, no estaba solamente hablando de las estructuras de dominación y opresión económicas y sociales, sino también, y fundamentalmente, de intelectuales. Así, la filosofía de la liberación no se proponía solamente como un arma intelectual para liberar a los pueblos de la opresión social y económica, sino también como un proyecto intelectual de liberación de la filosofía misma" [W. Mignolo (comp.), "Introducción", en *Capitalismo y geopolítica del conocimiento: el eurocentrismo y la filosofía de la liberación en el debate intelectual contemporáneo*, Buenos Aires, Ediciones del Signo, 2001, p. 13].

co-políticos del movimiento popular, la visibilización de una política cultural de los movimientos indígenas, feministas y ecologistas,
la aparición de movimientos campesinos contrarios a la difusión del
modelo de agricultura transgénica, son todas iniciativas y manifestaciones de expresiones colectivas contra la ofensiva del proyecto
modernizador-neoliberal. Pero, también, como consecuencia del
accionar de los movimientos sociales y populares se han multiplica-
do las diferencias y la interrelación de las culturas y los pueblos en
la región creando nuevos espacios de experiencias y redefiniendo
los horizontes de sentido.[26] Principalmente, por la emergencia de
imaginarios insurgentes que apuntaban a la doble mediación de
construcción de un regionalismo crítico.

Las propuestas del Socialismo Siglo xxi (venezolana) y el Buen
Vivir (boliviana y ecuatoriana) se convirtieron inicialmente en poderosos atractores político-espirituales del debate sobre las alternativas de futuro de América Latina. Sobre todo, por la simultaneidad
de la deconstrucción y la crítica como momentos de la doble mediación del regionalismo crítico emergente. No habría que olvidar que
en la región se revelaba con todo su dramatismo el trípode de la
colonialidad del ser, del saber y del poder. A pesar de ello, se han
intensificado las capacidades de crear y recrear nuevas estructuras
político-culturales donde las energías de lo histórico, lo subjetivo, lo
subversivo, lo excluido ha potenciado la potencia de imaginarios
insurgentes. No parece accidental teorizar las demandas múltiples
de los movimientos sociales y populares como una defensa reflexiva
de la reproducción de la sociedad humana, de los ecosistemas y
como una larga y prolongada lucha de los pueblos forcluidos en
América Latina, por la efectiva universalidad de los ideales de emancipación social y política de la modernidad. La impronta de los movimientos sociales y populares ha desnaturalizado las identidades
colonizadas abriendo espacios para promulgar nuevas posibilidades
de existencia identitarias. Esto es particularmente relevante si con-

---

[26] M. A. Contreras Natera, "Postscript: Insurgent Imaginaries in Latin
America", en M. Goodale y N. Postero (eds.), *Neoliberalism Interrupted. Social
Change and Contested Governance in Contemporary Latin America*, Stanford,
Stanford University Press, 2013, p. 252.

sideramos que la exclusión de la alteridad (negro, indio, mestizo, obrero, mujer, homosexual, pobre, marginado) ha sido uno de los signos de la violencia simbólica y material en la construcción de los límites identitarios de la sociedad liberal occidental.

En esta dirección el debate sobre la supervivencia de la vida se convirtió en una dimensión fundamentalmente política. En palabras de Michel Foucault,[27] que la vida y lo viviente, que la especie y sus condiciones de producción se hayan convertido en los retos de las luchas políticas constituye una novedad radical en la historia de la humanidad pensada en términos de una cosmopolítica. Principalmente, en tanto el centro de gravedad de la conflictividad social y política en la región se desplazó hacia el espacio o territorio (biodiversidad) en donde se reorganizan las líneas de escisión, las oposiciones y los conflictos que cristalizan en las desigualdades sociales y culturales. Por ello, la territorialidad en tanto espacio semiótico se convierte en un freno contra las estrategias de expansión capitalista. La biodiversidad puesta en relación con la pluralidad cultural y lingüística, la explotación económica denunciada haciendo un llamado a la autodeterminación política y soberana y la creciente prioridad al tema de la desigualdad, sobre todo asociada al de la explotación del Sur por el Norte del planeta, forman parte de la agenda política-cultural de los movimientos indígenas y populares de la región. Principalmente en tanto pueblos forcluidos física y espiritualmente dentro de la narrativa histórica del capitalismo.

El problema de la coordinación y del mando de las relaciones de los humanos en tanto vivientes y de los humanos con las cosas, con el objeto de extraer más fuerzas, no es un simple problema económico, sino ontológico y por consiguiente político. En todo caso, la producción biopolítica gobierna, todo un campo material complejo en el que entran en juego los recursos naturales, los productos del trabajo, su circulación, la amplitud del comercio, pero también la disposición de las ciudades y carreteras, las condiciones de vida (hábitat, alimentación, etc.), el número de habitantes, su longevidad, su vigor y su actitud para con el trabajo. La economía política como sintagma de lo biopolítico, comprende, así, los dispositivos de poder que per-

---

[27] M. Foucault, *Nacimiento de la biopolítica*, cit.

miten maximizar la multiplicidad de las relaciones entre fuerzas que son coextensivas al cuerpo social, y no sólo, como en la economía política clásica y su crítica, la relación entre capital y trabajo.

En este caso particular la producción biopolítica no se reduce a la producción de bienes materiales, sino también a la producción de relaciones sociales y formas de vida. En este sentido, los movimientos antisistémicos que se oponen a las diversas formas de occidentalización, han devenido en formas de resistencia ética y política que a su vez, crean y recrean nuevas formas subjetivación política que escapan a los biopoderes globales. Los nuevos ejes del conflicto sistémico van desde la regulación de instituciones globales en el mercado financiero y el mercado de bienes contra los regímenes legales transnacionales, las luchas contra las políticas de ajuste estructural, la defensa de derechos políticos y sociales amenazados, los reclamos por detener las consecuencias del cambio climático con el fin de evitar el colapso del planeta, la lucha contra enfermedades como el sida, la resistencia a las guerras coloniales e imperiales, los movimientos locales contra la minería a cielo abierto, las luchas de los sin-tierra, los desocupados, los inmigrantes, entre otros ejes del conflicto sistémico.[28]

En esta dirección la región ha experimentado un proceso profundo de transformaciones radicales de la subjetividad política. Cambios y deslizamientos en la capacidad enunciativa de los movimientos sociales y populares y el deslizamiento hacia nuevos campos de experiencia es una de las efectuaciones de la radical mudanza de la subjetivación política.[29] La profunda crisis social, política, cultural y ecológica de la región ha generado un profundo cuestionamiento a las consecuencias devastadoras del proceso civilizatorio euroccidental. Cuestionamiento que permitió la emergencia de un nuevo campo de lo político y la política en el continente. Este desplazamiento cognitivo, cultural y político planteaba inesperadas y novedosas formas de subjetivación política que se anclaban en luchas históricas de

---

[28] E. Altvater, *Los límites del capitalismo. Acumulación, crecimiento y huella ecológica*, Buenos Aires, Mardulce Editora, 2011, p. 45.

[29] J. Rancière, *El desacuerdo. Política y filosofía*, Buenos Aires, Ediciones Nueva Visión, 1996, p. 52

la región. Las discusiones sobre los modos de vida, la producción y las relaciones con la naturaleza comenzaron a cobrar sentido en múltiples espacios de lo público en la región. Los acontecimientos políticos que se iniciaron a finales de la década de los noventa del siglo XX en América Latina, se cuentan entre los más inspiradores e innovadores en la actualidad. A través de elecciones, revueltas e insurrecciones contra gobiernos neoliberales, la primavera política de la región expresaba un espíritu rebelde y multitudinario en una pluralidad de espacios políticos y culturales.[30] Este desquiciamiento de los límites y apertura hacia nuevos umbrales político-espirituales ha permitido tanto la emergencia proyectos constituyentes como un deslizamiento de lo político en toda la región.

Ciertamente, la defensa de lo común apunta a la afirmación y recuperación de las identidades, las memorias históricas y la propiedad de las tierras que han sido borradas y forcluidas en el proyecto de Occidente en la región.[31] El fracaso del proceso modernizador (geocultura liberal) ha exacerbado la conflictividad social y política y ello ha implicado la profundización de políticas trípodes (redistribución, reconocimiento y membrecía) orientadas a la

---

[30] Las interrogantes sobre el devenir crítico de los proyectos alternativos en América Latina depende de su efectiva capacidad para romper con la lógica de acumulación de capital. Sobre todo, por la consolidación de patrones primario-exportadores (reprimarización de la economía de la región) financiados por las grandes transnacionales y garantizado por los gobiernos progresistas. "Este es el entramado institucional para el depredador patrón de acumulación primario-exportador extractivista financiarizado en manos del gran capital; que está basado en vastos monocultivos transgénicos; en minería sobre todo a cielo abierto; en la explotación de energéticos como petróleo, gas, hidroelectricidad; en la expropiación de biodiversidad; y en la construcción de un sistema multimodal de transporte y comunicación para abaratar su extracción" (B. Stolowicz, *op. cit.*, pp. 28-29).

[31] La pervivencia de estructuras profundas y duraderas que nacen, se desarrollan y mueren. Pero, sobre todo, muestran la historicidad de la existencia humana. Parafraseando a Immanuel Wallerstein, lo que emerge de la memoria profunda de los movimientos indígenas en la región, son los arrecifes de coral de las relaciones humanas. Es decir, la persistencia de una gramática profunda (I. Wallerstein, *El moderno sistema mundial. La agricultura capitalista y los orígenes de la economía-mundo europea en el siglo XVI*, México, Siglo XXI, 1979, p. 7).

búsqueda y recuperación de soberanías, tradiciones culturales, historias y memorias de pueblos y culturas en América Latina y a las luchas por condiciones de vida dignas. Primavera política que opera sobre la superficie de inscripción del Consenso Washington, y fracturaron inicialmente, los acuerdos políticos y económicos que soportaban la institucionalidad multilateral y nacional de las políticas de ajuste estructural. Estos insurgentes ciclos de acción colectiva y protestas populares, han logrado desestabilizar un conjunto de significaciones sedimentadas en el sentido común, por décadas de políticas neoliberales y siglos de prácticas coloniales. La ruptura con el orden legal y sensible de la política ha deslizado el lugar de enunciación de lo político en la región, resquebrajando la distribución simbólica de los cuerpos de la modernidad colonial.

La insurgencia es, por el contrario, un empeño reflexivo de romper con la administración del orden legal y sensible del logos colonial-moderno. Las mnemohistorias contenidas en los imaginarios insurgentes implican movimientos telúricos que deslizan el orden legal sensible de la política en América Latina en la medida que el pasado no es simplemente recibido por el presente; el presente es perseguido por el pasado, y éste modelado, inventado y reinventado por el acontecer de las luchas de descolonización. Esto quiere decir, un radical cuestionamiento, a las particiones de lo sensible y los regímenes de visibilidad del logos colonial-moderno. En cualquier caso, la conflictividad entre estas lógicas supone que no hay objeto común, sino interrupciones, fracturas y exclusiones. Puede decirse que el distanciamiento de las lecturas sobre las sociedades latinoamericanas ya es en sí mismo un síntoma de las profundas fracturas que atraviesan a ésta. Los complejos procesos socio-históricos actuales se caracterizan por un sino de renovadas esperanzas respecto a las posibilidades creativas del por-venir y, sobre todo, representan una pluralización y un desborde de los ámbitos de las luchas sociales y populares en un sentido comunitario-solidario, democrático-socialista y cultural-lingüístico.[32]

---

[32] M. A. Contreras Natera, "Postscript: Insurgent Imaginaries in Latin America", cit., p. 254.

De hecho, este desborde supone la transgresión de los límites del logos colonial-moderno, dirigido a profundizar la democracia y a ampliar la esfera de los derechos de ciudadanía, reafirmando la construcción de una nueva esfera pública en la región. Esta esfera pública designa el foro local, regional y mundial donde se llevan a cabo deliberaciones y acciones críticas sobre los procesos de globalización neoliberal. Estos imaginarios insurgentes subvierten el sentido jerárquico de los campos de producción de conocimiento euroccidental, planteándose una defensa de la naturaleza contra la destrucción modernizadora neoliberal liberando las potencialidades de una subjetividad crítica y radicalizada. Imaginarios que no son receptivos ni pasivos, sino que son creadores y formadores. La imaginación insurgente abre ciertamente un campo de confrontaciones, por lo demás indescriptibles e inintuibles, creando una nueva topología, y por tanto, una nueva espacialidad y temporalidad. En sentido estricto sobre un campo de fuerzas atravesado por potencias sociales, políticas y culturales que se tensan conflictivamente se están recreando imaginarios insurgentes que están contribuyendo al cuestionamiento de las jerarquías coloniales-modernas. Imaginarios insurgentes que implican procesos de resignificación cultural desestabilizadores de las formas de subjetivación política hegemónicas en América Latina.

En países como Venezuela, Ecuador y Bolivia, las fuerzas populares e indígenas se fortalecieron como consecuencia de la irreductible resistencia de las luchas históricas contra la globalización neoliberal. Lo más notable de estas luchas es el modo en que consiguieron coordinar una variedad de reivindicaciones económicas y sociales en redes horizontales, deslizándose de la antimodernidad a la altermodernidad. Las luchas se centraron en lo común, lo alternativo y lo propio como un rasgo central del radical desplazamiento hacia un más allá del euroccidentalismo. La fugacidad e intensidad de los movimientos indígenas y populares desde principios del siglo XXI permitió el despliegue de nuevas y renovadas capacidades enunciativas de ruptura epistemológica contra el logos colonial-moderno. En tanto los movimientos comunitarios ponen en movimiento no sólo una parte de la sociedad sino también una sociedad distinta. En América Latina, se conjugaban estrictamente los derechos individuales (dentro de la tradición de los derechos naturales) y la democracia representativa como espacios fundamentales para el ejercicio de la política. El formato demo-liberal implicaba una visión individualizada de la política inscrita en una teleología civilizadora.

El desplazamiento de los derechos individuales hacia una visión de derechos colectivos supone un deslizamiento hacia otra agencia de lo político. Pero, también, dota de nuevos contenidos el debate sobre lo político. En Ecuador y Bolivia, la deliberación colectiva, la rotación de la representación, el ejercicio de la soberanía colectiva y el mandar obedeciendo visibilizaban un proyecto político que rescataba las sabidurías ancestrales y se confrontaba radicalmente con la globalización neoliberal. En este sentido, lo que estamos presenciando es un auge del activismo indígena, campesino y popular que redefine viejas y nuevas exigencias de la memoria larga. De modo tópico, un auge inscrito dentro de las luchas históricas de los Pueblos Testimonios[33] del altiplano andino en la acepción de Darcy Ribeiro. Desde el punto de vista político-cultural las luchas de los movimientos indígenas plantean un desafío en términos de derechos al Estado-nación colonial. Sobre todo, por la persistencia de la larga historia del colonialismo, la jerarquización racial, la promoción del desarrollo en su variedad de modelos y recientemente por

---

[33] "Los Pueblos Testimonio de América, por ser productos de ese proceso peculiar de formación étnica se caracteriza por la división de sus sociedades en tres estratos superpuestos, diferenciados de acuerdo con su identificación étnica —como indígenas o como neoamericanos— y diferenciados también por el hecho de participar de manera desigual en la riqueza nacional y en el control del poder político. El estamento superior lo forma la capa de los blancos por autodefinición racial y culturalmente más hispanizada, que controla la economía y las instituciones políticas y militares adecuándolas a sus intereses. El estamento intermedio considerado mestizo, no lo es tanto por sus caracteres raciales —aunque haya absorbido una gran proporción de genes europeos o africanos— como por su mayor integración en la cultura hispanoamericana, obtenida a través de la españolización lingüística, —la conversión al catolicismo— y la incorporación a la fuerza de trabajo de la sociedad nacional. El tercer estamento, está formado por la masa de lo que como indígenas se encuentran en una situación de marginalidad cultural" (D. Ribeiro, *Configuraciones histórico-culturales americanas*, Montevideo, Centro de Estudios Latinoamericanos, 1972, p. 32).

la instrumentación de políticas neoliberales. En palabras de Nancy Postero, el ascenso de los movimientos indígenas que visibilizan las voces bajas implica cambios profundos que podrían

> llegar más lejos, ya que se trata de movimientos subalternos que, a partir de su lucha contra la discriminación y marginalización, están desarrollando perspectivas propias sobre los significados de la ciudadanía y que pueden, por lo tanto, enriquecer los debates sobre los futuros posibles de la organización cultural, social y política de la nación.[34]

Desde esta perspectiva, los movimientos indígenas en el altiplano andino plantean un desafío profundo a la tradición euroccidental. En tanto cuestionan dos aspectos centrales de la tradición liberal occidental: la homogeneidad cultural y la universalidad de los derechos ciudadanos. En última instancia, las transformaciones actuales se localizan en la frontera histórica entre una alteridad excluida y negada y el Estado-nación colonial, una frontera construida a lo largo de más de quinientos años. Principalmente, en cuanto el Estado colonial-moderno se funda en la destrucción de las poblaciones indígenas sometidas a los procesos de aniquilación existencial de la conquista, colonización y expansión capitalista. En tal sentido, el potencial crítico de los procesos constituyentes en la región (Guatemala, Venezuela, Ecuador y Bolivia) apuntan a una irrupción transformativa de lo político en tanto reconstruye y redefine al logos del Estado colonial-moderno. Lo que plantea el Constitucionalismo transformador con la noción del Buen Vivir y Madre Tierra desborda el campo del derecho euroccidental. De modo tópico, los derechos de las voces bajas agrupadas en el enunciado Otro Modo del Ser se confrontan con una larga historia de sujeción, explotación, colonización y desposesión. La radicalidad del Buen Vivir implica una transformación global de la sociedad. Sus enunciados apuntan a la voluntad de vivir en un mundo donde sus

---

[34] N. Postero, "Movimientos indígenas bolivianos articulaciones y fragmentaciones en la búsqueda del multiculturalismo", en N. Postero y L. Zamosc (eds.), *La lucha por los derechos indígenas en América Latina*, Quito, Abya-Yala, 2005, p. 12.

miembros permanecerían unidos por relaciones de solidaridad en armonía con la Madre Tierra.

El Buen Vivir está inscrito en una perspectiva que atiende una visión de totalidad fluida de los principales problemas del planeta. En efecto, la Crisis Global tiene su origen en un conjunto de tendencias y decursos de acción que se retroalimentan y fortalecen entre sí. Comprender los rasgos globales de estos procesos de mediano y largo alcance supone situarse en un diagnóstico de la situación actual. Por tanto, estamos ante la inminencia de un cambio global de consecuencias estocásticas. Impensar el euroccidentalismo no comporta sólo una dimensión teórico-epistemológica es simultáneamente una necesidad ética, axiológica y política.[35] El pueblo, el bloque social de los oprimidos, con una intensidad incluyente del nosotros se transforma en actor colectivo político, para construir un bloque histórico de poder. "La primera determinación del poder (como *potentia*) es la voluntad. El pueblo lo recupera en los momentos coyunturales de las grandes transformaciones".[36]

El doble retorno

El desplazamiento de la crisis económica que tuvo su inicio en el año 2007 con el estallido de las hipotecas de alto riesgo en los Estados Unidos, hacia la totalidad del sistema histórico capitalista ha sido una de las características centrales de la influencia del régimen legal transnacional (hiperespacio). De modo tópico, la traslación de las consecuencias de la crisis económica internacional hacia la región modificó sustantivamente las agendas político-electorales de los gobiernos de izquierda de la región.[37] Sobre todo, en tanto per-

---

[35] M. A. Contreras Natera, *Otro Modo del Ser o Más Allá del Euroccidentalismo*, cit.

[36] E. Dussel, *20 Tesis de Política*, México, Siglo xxi/creal, 2006, p. 94.

[37] La traslación de la crisis económica, el énfasis en los programas de securitización y los golpes de Estado contra Manuel Zelaya en Honduras en 2009 y Fernando Lugo en Paraguay en 2012 se convirtieron en los dispositivos tecno-políticos de intervención de los Estados Unidos en su nueva estrategia para contener el declive de su hegemonía en la región. El formato liberal de los

mitió el retorno de la centralidad de la economía en el debate político. La acción política se subordinó a los criterios de la semántica económica creando nuevas situaciones técnicas y políticas. Y en países como Argentina, Brasil y Uruguay se consolidó globalmente el Consenso de Buenos Aires. En Venezuela, Bolivia y Ecuador el debate se desplazó hacia criterios de gestión de gobierno, eficiencia, eficacia y productividad deslizándose hacia visiones pragmáticas en el campo de la economía y la política. En ambos casos, la región se integraba institucionalmente a la lógica política del sistema histórico capitalista. Progresivamente, los contenidos radicales del debate fueron abandonando la escena pública creándose nuevas tensiones y conflictos en el campo de lo social, lo económico y lo político.

La reestructuración capitalista de signo neoliberal-neoconservador iniciada en la década de los setenta, tenía entre sus objetivos centrales adecuar a América Latina a los procesos de reproducción del capital. "La reconfiguración del poder capitalista en nuestra región se acompaña con la gestación de una hegemonía neodesarrollista transnacional [...]. En la legitimación de una concepción del Estado como soporte material e institucional de ese neodesarrollismo transnacional; y en la legitimación de una reestructuración social a nombre de un nuevo bienestar"[38]. En términos político-espirituales, el pos-liberalismo del Consenso de Buenos Aires coincide en términos programáticos con la etapa de consolidación de las reformas y restauración de los niveles de inversión. Y esta última, a su vez, con los gobiernos que conformaron el giro crítico en América Latina.

El proceso de internacionalización del capital significa un proceso de racionalización de la economía [....]. El Estado, que sigue siendo un Estado nacional, debe ser esfera de mediación para una praxis cuyo carácter social ya no está determinado por una delimitación territorial-nacional. Más aún, en la medida en que el actual proceso de acu-

---

golpes de Estado —con la anuencia diplomática del gobierno de los Estados Unidos— coincide con una nueva ofensiva pos-liberal, contraria al giro crítico de principios del siglo xxi en América Latina.

[38] B. Stolowicz, *op. cit.*, p. 32.

mulación del capital tiene a la vez bases nacionales y transnacionales se debilita también el carácter de clase de la praxis social. Por lo tanto, cambia también la forma de la dominación política que realiza la mediación de la praxis social. La racionalización | económica da lugar a un nuevo autoritarismo característico de un capitalismo a escala mundial.[39]

Como un signo contrario a las políticas de los gobiernos de izquierda en la región, renovadas fuerzas utópicas y solidaridades históricas siguen resistiendo al proceso de modernización refleja. Movimientos populares e indígenas cuyas agendas están construidas desde una recuperación de lo común se articulan como centros de resistencia, contra-hegemonía y emancipación a la forma Estado/partido/sindicato. En los últimos años las estrategias moleculares de los movimientos indígenas y populares han consistido en la intensificación de las contradicciones y conflictos en la región. Distanciándose, inclusive, de los gobiernos de orientación de izquierda. Las nuevas contradicciones que emergen en las realidades políticas y económicas de Venezuela, Ecuador y Bolivia muestran el recrudecimiento de la crisis económica. El fortalecimiento de la reprimarización de la economía acentúa las tendencias a un patrón de acumulación centrado en la desposesión de los bienes territoriales de pueblos y culturas en el continente.[40] Y sobre todo, acentúa la tensión entre las energías utópicas de cambio y la emergencia de la política económica del enfoque pos-liberal. El enmascaramiento y mimesis del neoliberalismo es uno de los retos centrales de una teoría crítica comprometida con los procesos de transformación iniciados por la potencia de los imaginarios insurgentes en la región. Es sobre este

---

[39] N. Lechner, *Obras Completas I. Estado y Derecho*, cit., p. 444.

[40] La destrucción simultánea de los sistemas ecológicos-culturales forman parte de las consecuencias dramáticas de la acumulación por desposesión. La privatización-desnacionalización de los bienes comunes se convierte en uno de los temas centrales de la agenda conflictiva entre la altermodernidad en tanto biopolítica y el pos-liberalismo (neoliberalismo mimetizado) en cuanto estrategia del capital en la región. Sobre este campo de fuerzas se despliegan los conflictos político-espirituales entre espacios de experiencias inconmensurables con horizontes de sentido que se colisionan existencialmente.

punto, precisamente con relación a la intensidad de las luchas por el uso del común y lo comunal, que se definen las propuestas de nuevos preceptos constitucionales, de nuevos derechos y de una nueva legalidad. Nos encontramos, en un espacio transformativo, donde tenemos que volver a poner en circulación la positividad de la palabra socialismo. Una positividad cargada de nuevos contenidos crítico-transformativos. En palabras de Alain Badiou,

> cualquiera que trabaje para la perpetuación del mundo que hoy nos rodea, aunque fuera bajo el nombre de filosofía, es un adversario, y debe ser conceptuado como tal. No podemos tener la menor consideración para aquellos cuya sofisticación sirve para legitimar —bajo los vocablos gastados e inconsistentes de "el hombre" y de sus derechos— el orden capital-parlamentario, hasta en sus expediciones neocoloniales. Pero la guerra especulativa y el derecho que se conceda a cambiar los conceptos por municiones, implica saber exigir de uno mismo una constante transformación de la propuesta filosófica y de sus categorías fundadoras, a riesgo de pensar a menudo [...] contra uno mismo.[41]

La facticidad básica nos muestra que la ciencia y la filosofía se han convertido en poderosos dispositivos tecno-políticos contra la potencia transformativa de los movimientos sociales y populares. Las características centrales de este sino histórico indica la configuración de un nuevo ethos que se manifiesta como el destino de una destinación. El reacomodo y el reajuste de una narrativa moderna y posmoderna capaz de desterrar cualquier resistencia y excluir cualquier alternativa imponiéndose como una fatalidad ineludible.

> La historia universal [...] fue la unilateralidad triunfante de las naciones expansivas europeas; su estilo lógico es la interpretación indiferente de todas las cosas bajo la señal del espacio homogéneo, del tiempo homogéneo y del valor homogéneo; su modo operativo es la concentración; su resultado económico es el establecimiento del sistema mundial; sus bases energéticas son los combustibles fósiles, todavía

---

[41] A. Badiou, *El ser y el acontecimiento*, Buenos Aires, Ediciones Manantial, 1999, p. 6.

disponibles en abundancia; sus gestos primarios estéticos son la expresión histérica del sentimiento y el culto a la explosión; su resultado psicosocial es el apremio a ser cómplice de la miseria lejana; su oportunidad vital es la posibilidad de comparar interculturalmente las fuentes de la felicidad y las estrategias de gestión del riesgo; su esencia moral es el paso del ethos de la conquista al ethos de dejarse domesticar por los conquistadores; su tendencia civilizatoria se expresa en su denso complejo de desahogos, seguros y garantías de confort; su desafío antropológico es la producción masiva de últimos hombres; su consecuencia filosófica es la oportunidad de ver como la Tierra única aparece en los innumerables cerebros [...]. Si, desde un final imaginado de la evolución humana, un historiador hubiera de decir lo que los colectivos humanos, vistos en su conjunto, han hecho con sus tiempos, habría que responder que han organizado carreras populares hacia la muerte: en forma de procesiones humildes, batidas dionisiacas, proyectos de progreso, pruebas eliminatorias cínico-naturalistas, ejercicios ecológicos de reconciliación. La superficie de un cuerpo en el universo, donde los seres humanos pasan sus días entretenidos en vanas precauciones frente a lo ineludible, no puede ser, por tanto, una superficie igual. La lisura perfecta sólo es posible en idealizaciones, lo rugoso y lo real coinciden.[42]

En sentido estricto el fiel cumplimiento de un pensamiento escatológico. La civilización euroccidental se ha mostrado particularmente eficaz para transformar el mundo, tanto desde el punto ecológico como desde el político, en algo perfectamente irrespirable. Pero, sin embargo, "la totalidad capitalista no es, como parecía a muchos, el punto de llegada o el final de la historia en el que todos los antagonismos pueden ser absorbidos, sino el límite en el las resistencias proliferan por toda la esfera de la producción y en todos los ámbitos de la vida social".[43] Por tanto, la tarea central es usar la teoría crítica como una potencia desestabilizadora para coadyuvar la emergencia crítica de los movimientos sociales y populares. Me-

---

[42] P. Sloterdijk, *En el mundo interior del capital. Para una teoría filosófica de la globalización*, Madrid, Siruela, 2007, pp. 31, 36-37.

[43] M. Hardt y A. Negri, *op. cit.*, p. 13.

diar críticamente entre la decadencia capitalista del Occidente contemporáneo y la posibilidad de una política radicalmente otra que pertenezca al reino de lo aún impensado.

La des-occidentalización como tarea fundamental de la des-colonización política, cultural, teórica y epistemológica aparece en el horizonte de lo no-pensado. El mundo que compartimos no se encuentra tras de nosotros, como un sólido e indiscutible fundamento para la construcción de un consenso, sino que se encuentra frente a nosotros, como una meta arriesgada, disputada e indeterminada, aún muy lejos en el futuro. Es sobre este punto, precisamente con relación a la intensidad de las luchas por el uso del común y lo comunal, que se definen las propuestas de nuevos preceptos constitucionales, de nuevos derechos y de una nueva legalidad. En palabras de Marx, el espacio de realización de las ideas emancipadoras sigue siendo el espacio mundial. Aunque sin duda el proceso de mundialización en curso es contradictorio y paradójico en tanto la integración global no conduce a la unificación de los principios de legalidad constituyentes. Por el contrario, supone la profundización de los fenómenos de diferenciación y desintegración que el cosmopolitismo ilustrado en cuanto cosmopolitismo colonial impuso mediante los procesos de conquista, colonización y expansión capitalista. Solo cuestionando la lógica de clasificación y jerarquización impuesta por el logos colonial-moderno podemos avanzar en la construcción de un proyecto común. De allí, la necesidad de una cosmopolítica que no se enmarque en el dualismo naturaleza/cultura euroccidental sino que se desplace hacia una alter modernidad. En el sentido, de no convertirse en un retorno nostálgico, contemplativo y fetiche de la naturaleza, sino más bien como una crítica central al dualismo ontológico del euroccidentalismo. La recuperación de las nociones de cosmos y política es el resultado inevitable de la compleja y progresiva interdependencia planetaria. En palabras de Isabelle Stengers,

> el cosmos no tiene nada que ver con el universo que hemos hecho objeto de la ciencia, pero tampoco de crear una definición especulativa del cosmos, justo para fundar una cosmopolítica [...]. En tanto que ingrediente del término cosmopolítica, el cosmos no corresponde a

ninguna condición, no funda ninguna exigencia. Plantea la pregunta acerca de los modos de coexistencia posible.[44]

Supone, comprender que no se trata exclusivamente de integrar al otro, sino de componer un mundo común de humanos y no-humanos (tecnológico, organizativo, simbólico, entre otros), abriendo las puertas a universos múltiples. A este punto, es necesario agregarle el concepto sinóptico de multinaturalismo[45], como un precursor de una teoría de los mundos posibles. Esta perspectiva de una racionalidad más allá del par razón/locura implica un deslizamiento a una alter modernidad. Una cultura, naturalezas plurales —una epistemología, múltiples ontologías.

---

[44] Citado en J. Pica Contreras, "Cosmopolítica como cosmoética: del universalismo occidental a las políticas de un mundo común", *Isegoría* 42 (enero-junio 2010), p. 71.

[45] E. Viveiros de Castro, *Metafísicas caníbales. Líneas de antropología estructural*, Buenos Aires, Katz, 2010.

ÍNDICE

El presente libro se terminó de imprimir el día 28 de octubre de 2015 en
Corporación de Servicios Gráficos Rojo, S.A. de C.V., ubicada en Progreso No. 10,
Colonia Centro, Ixtapaluca, Estado de México, CP 56530.
El tiraje consta de 1,000 ejemplares más sobrantes para reposición.